QUI A MANGÉ LA PREMIÈRE HUÎTRE ?

Titre original : *Who Ate the First Oyster? The Extraordinary People Behind the Greatest Firsts in History*

L'édition originale de cet ouvrage a été publiée en anglais par Penguin Books.

ISBN : 978-2-412-06479-5
Dépôt légal : mai 2021

Imprimé en France par Normandie Roto Impression s.a.s. (2101478)

Traduction : Lyse Leroy
Correction : Céline Dutt
Mise en page : Anna Chaldjian
Illustrations : p. 5, Shutterstock ; p. 159, iStock

Éditions First, un département d'Édi8
92, avenue de France
75013 Paris
France
Tél. : 01 44 16 09 00
Fax : 01 44 16 09 01
Email : firstinfo@efirst.com
Site Internet : www.editionsfirst.fr

CODY CASSIDY

QUI A MANGÉ LA PREMIÈRE HUÎTRE ?

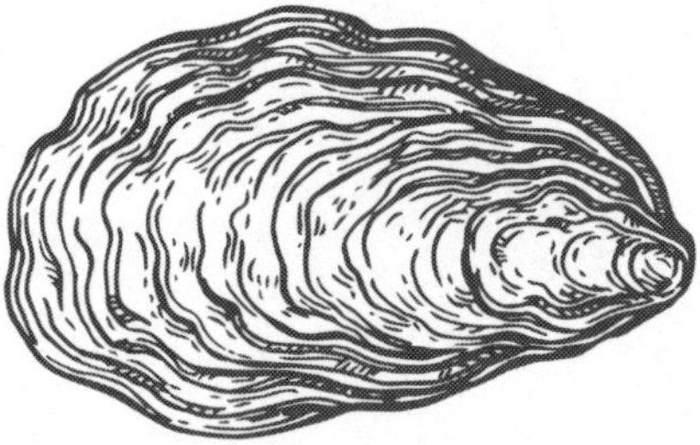

et autres grandes premières de l'Histoire

FIRST
ÉDITIONS

À Papa et Maman

Chronologie sur 3 millions d'années

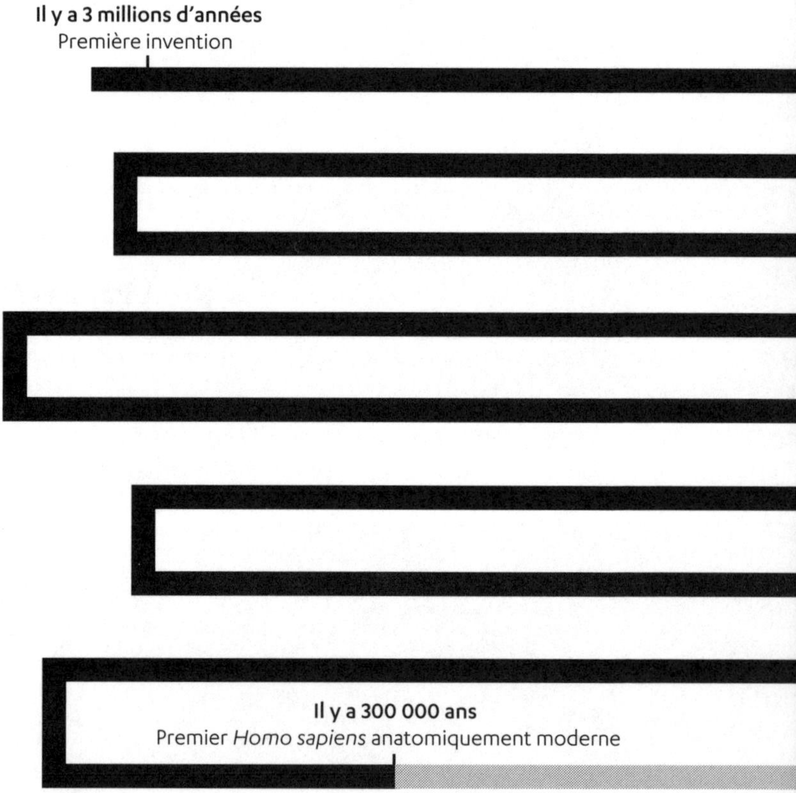

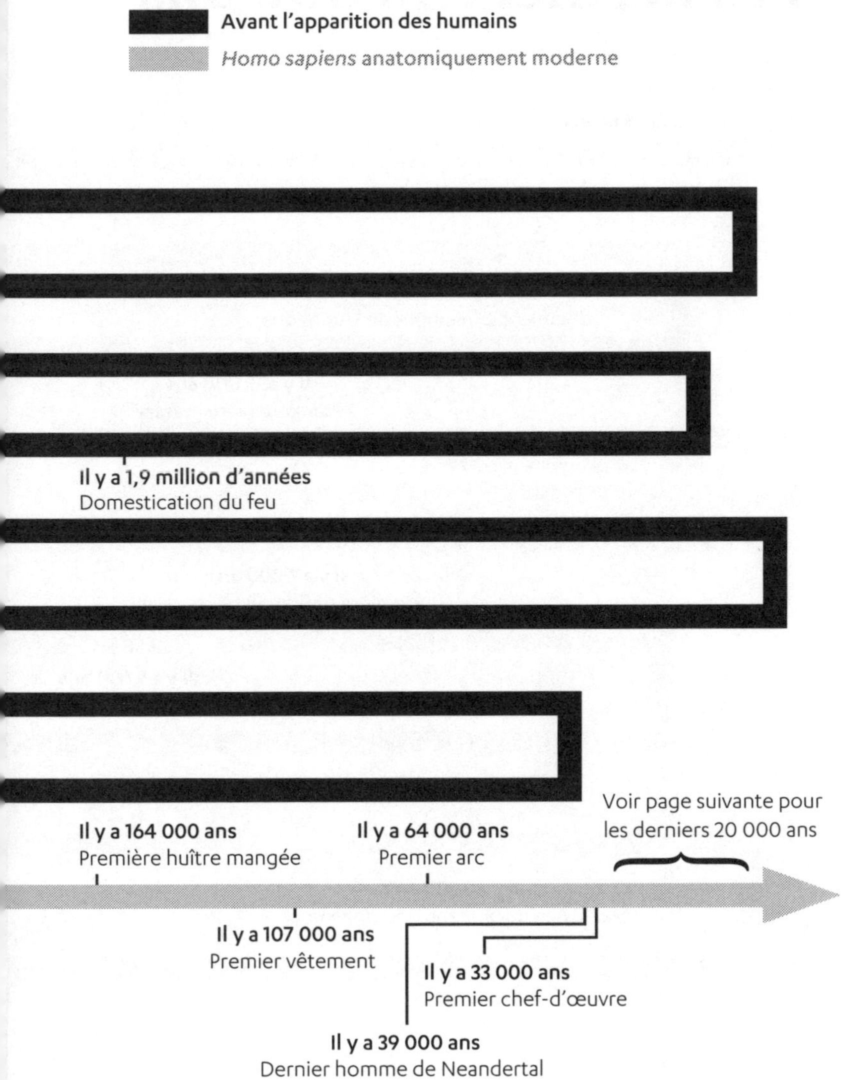
Avant l'apparition des humains
Homo sapiens anatomiquement moderne
Il y a 1,9 million d'années
Domestication du feu
Il y a 164 000 ans
Première huître mangée
Il y a 64 000 ans
Premier arc
Voir page suivante pour
les derniers 20 000 ans
Il y a 107 000 ans
Premier vêtement
Il y a 33 000 ans
Premier chef-d'œuvre
Il y a 39 000 ans
Dernier homme de Neandertal

Les derniers 20 000 ans

Il y a 20 000 ans

Il y a 16 000 ans
Premier peuplement de l'Amérique

Il y a 15 000 ans
Première bière brassée

Il y a 7 000 ans
Première opération chirurgicale

Il y a 5 600 ans
Domestication du cheval

Il y a 3 300 ans
Naissance du pharaon Toutankhamon

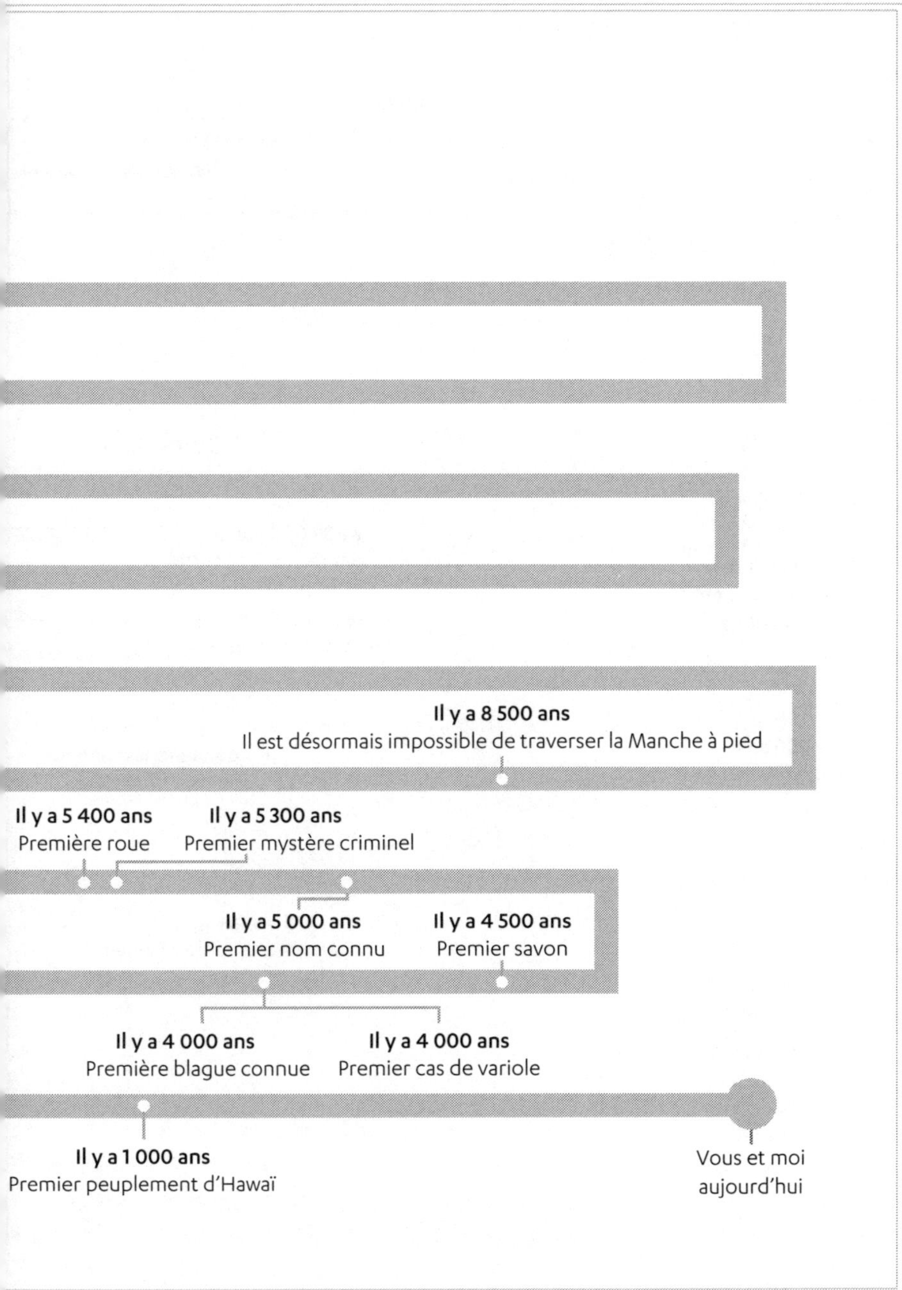
Il y a 8 500 ans
Il est désormais impossible de traverser la Manche à pied
Il y a 5 400 ans
Première roue
Il y a 5 300 ans
Premier mystère criminel
Il y a 5 000 ans
Premier nom connu
Il y a 4 500 ans
Premier savon
Il y a 4 000 ans
Première blague connue
Il y a 4 000 ans
Premier cas de variole
Il y a 1 000 ans
Premier peuplement d'Hawaï
Vous et moi
aujourd'hui

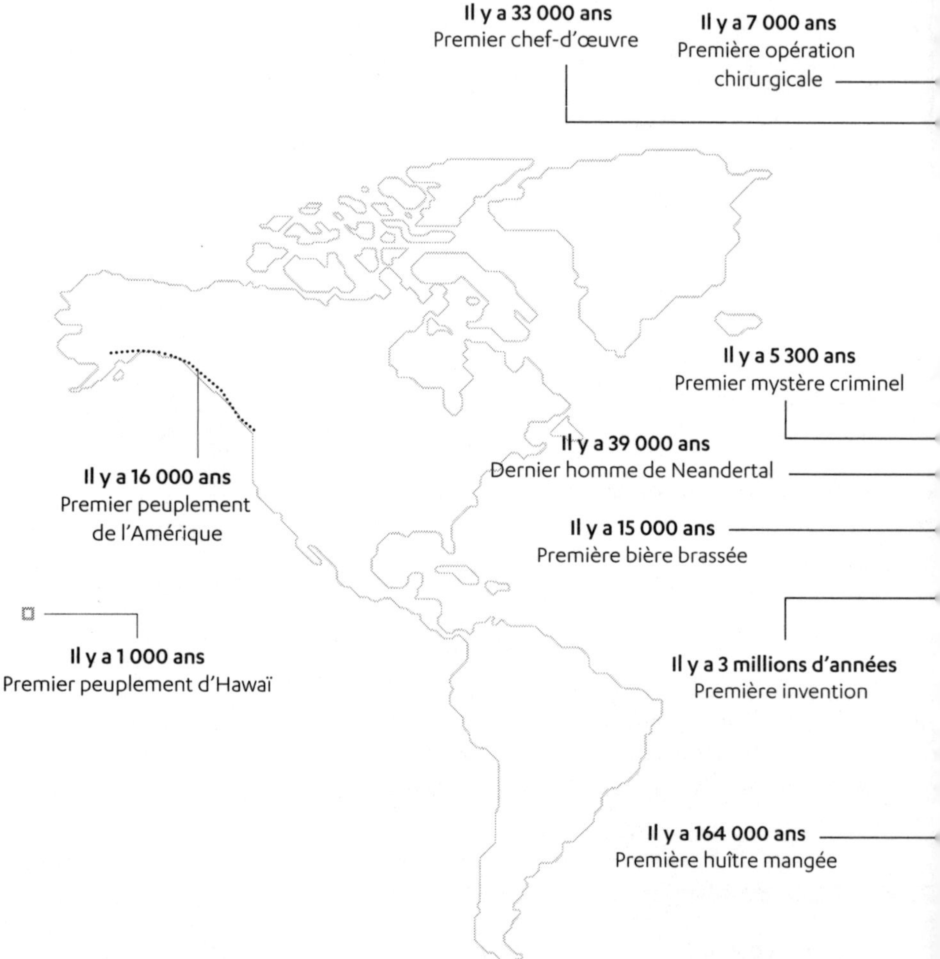

Il y a 33 000 ans
Premier chef-d'œuvre
Il y a 7 000 ans
Première opération chirurgicale
Il y a 5 300 ans
Premier mystère criminel
Il y a 39 000 ans
Dernier homme de Neandertal
Il y a 16 000 ans
Premier peuplement de l'Amérique
Il y a 15 000 ans
Première bière brassée
Il y a 1 000 ans
Premier peuplement d'Hawaï
Il y a 3 millions d'années
Première invention
Il y a 164 000 ans
Première huître mangée

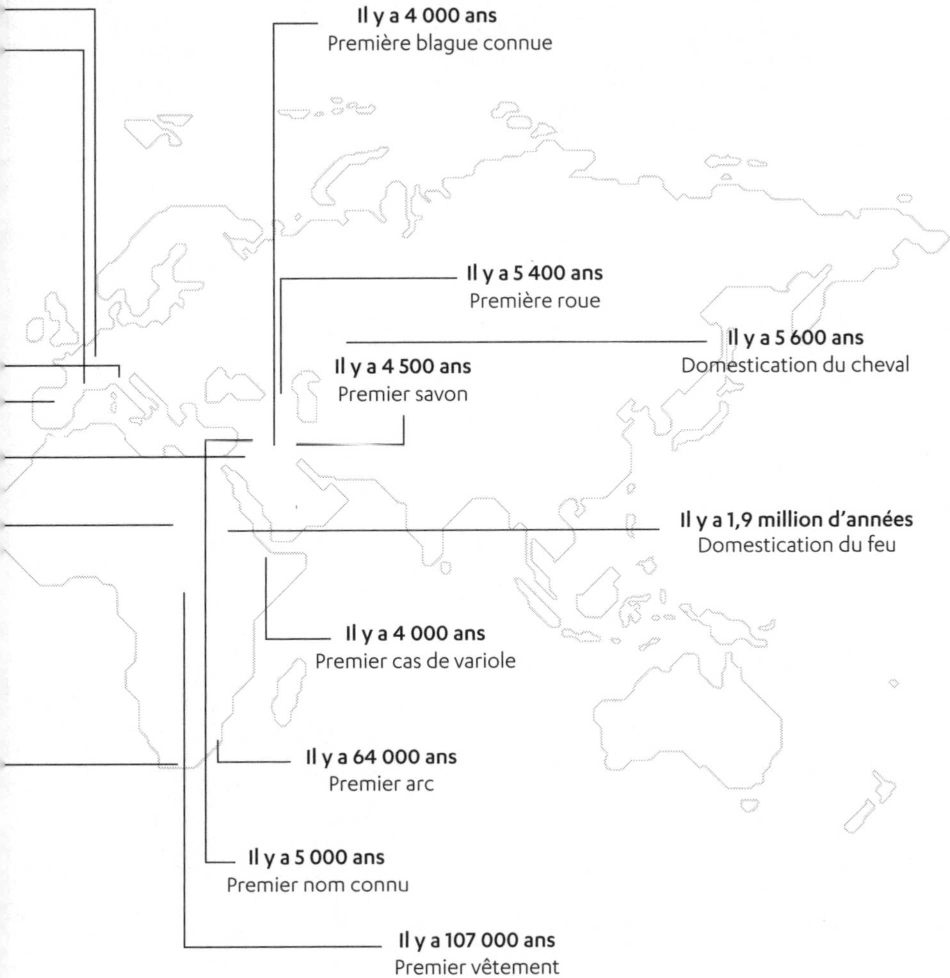
Il y a 4 000 ans
Première blague connue
Il y a 5 400 ans
Première roue
Il y a 5 600 ans
Domestication du cheval
Il y a 4 500 ans
Premier savon
Il y a 1,9 million d'années
Domestication du feu
Il y a 4 000 ans
Premier cas de variole
Il y a 64 000 ans
Premier arc
Il y a 5 000 ans
Premier nom connu
Il y a 107 000 ans
Premier vêtement

Sommaire

Introduction

« Celui-là a eu du courage, qui a été le premier à manger une huître. »
Jonathan Swift

En 1991, la victime de l'affaire de meurtre la plus intéressante au monde a été découverte à 3 210 mètres au-dessus du niveau de la mer, dans les Alpes de l'Ötztal, dans le nord-est de l'Italie, à quelques mètres de la frontière de l'Autriche. Surnommé Ötzi, l'homme avait été abattu d'une flèche dans le dos il y a près de 5 300 ans, et son corps est devenu depuis le cadavre le plus méticuleusement étudié de l'histoire de l'humanité. À l'automne 2017, j'ai décidé de me rendre sur la scène du crime. Pour ma première enquête criminelle, j'ai commencé par faire ce que ferait, j'imagine, tout détective qui se respecte : retracer les derniers pas de la victime.

Étonnamment, bien que le meurtre ait eu lieu près de mille ans avant la construction de la grande pyramide de Gizeh, il est bel et bien possible de reconstituer cet itinéraire. Grâce au travail de scientifiques qui ont identifié la présence de pollens dans le système digestif de la victime ainsi que leurs provenances, nous disposons aujourd'hui d'un récit extrêmement précis des douze dernières heures d'Ötzi.

L'ultime marche d'Ötzi s'est déroulée dans une région qui fait aujourd'hui partie du nord de l'Italie, coupée de l'Autriche après la Première Guerre mondiale, bien qu'une visite sur place laisse à penser que les locaux n'ont jamais reçu l'information. L'architecture, la cuisine, la culture, les panneaux, et même les salutations, tout était si autrichien que j'ai dû vérifier sur une carte que je n'avais pas traversé la frontière.

J'ai commencé ma randonnée tôt le matin et j'ai rapidement compris qu'Ötzi devait être en excellente forme le jour de sa mort. Les Alpes de l'Ötztal ne grimpent pas progressivement comme les contreforts de la Sierra Nevada auxquels je suis habitué. Au lieu de cela, elles jaillissent de vallées fluviales avec des angles d'inclinaison si raides que même le chemin plus doux emprunté par Ötzi était quadrillé de routes sinueuses et escarpées s'élevant dans la neige et le brouillard.

Les enquêteurs ont déterminé qu'Ötzi était mort peu de temps après avoir déjeuné au sommet. Il était de toute évidence bien meilleur météorologue que moi. Lorsque j'arrivai à mon tour au sommet, la neige avait commencé à tomber et un brouillard épais enveloppait le col. Alors que je contemplais le passage délicat me menant à son ultime demeure, je repérai quelques alpinistes – les premiers que je voyais de la journée – affairés à attacher leurs crampons. Nous n'avions que peu de mots en commun, mais, après quelques gestes en direction de mes baskets, ils réussirent à me faire comprendre que si je poursuivais ma route, je risquais de partager la dernière demeure d'Ötzi. À moins de 400 mètres du lieu du meurtre et à près de 10 000 kilomètres de chez moi, je fus contraint de décider que, pour cette fois-ci, les entretiens avec les archéologues qui avaient examiné la scène allaient devoir suffire.

Cette excursion avortée vers la scène du crime faisait partie d'un vaste projet de trois ans visant à produire ce livre. Celui-ci a commencé comme une enquête sur les plus incroyables « premières » de l'humanité, mais il a vite évolué pour inclure les profils des individus qui en sont à l'origine. Plus j'en apprenais sur les découvertes préhistoriques, plus je voulais en savoir sur leurs auteurs. Mais la plupart des reconstructions de la préhistoire ignorent l'existence de toute individualité, et parlent de « peuples » plutôt que d'individu au singulier.

J'ai donc entrepris de trouver des personnages exceptionnels de notre histoire ancienne. J'ai interviewé plus d'une centaine d'experts, lu des dizaines de livres et des centaines d'articles de recherche. J'ai commandé de l'obsidienne sur Internet et j'ai tenté de me raser la barbe avec. J'ai visité le site du premier chef-d'œuvre de l'humanité. J'ai essayé de faire du feu avec un silex et de la pyrite. J'ai tiré une flèche avec une réplique d'un arc ancien. J'ai fermenté du gruau pour brasser de la bière. Et j'ai bien failli rejoindre Ötzi dans sa dernière demeure.

Au bout du compte, j'ai identifié dix-sept individus d'antan qui ont vécu avant l'apparition de l'ecriture (ou sans écriture). Il s'agit de personnes dont les spécialistes reconnaissent l'existence et dont les actes fatidiques sont le fondement de la vie moderne. J'ai ensuite demandé à tout un tas d'experts – archéologues, ingénieurs, généticiens, avocats, astrologues et maîtres brasseurs – qui ces individus anonymes avaient bien pu être, quels étaient leurs pensées, leur langue (s'ils parlaient !), leurs vêtements, leurs croyances, leurs lieux de naissance et de vie, comment ils sont morts, dans quelles circonstances ils ont fait leur découverte et, surtout, pourquoi celle-ci était importante.

Observés depuis une distance de plusieurs milliers d'années, les changements culturels, technologiques et évolutionnaires semblent suivre une courbe linéaire. Les fourrures cèdent progressivement la place aux étoffes tissées, et la cueillette des baies aux cultures. Face à ce qui apparaît comme une gradation lente, il est tentant de supposer qu'aucun individu spécifique n'a joué un rôle déterminant dans la trajectoire en apparence inévitable de l'histoire humaine – ou dans le développement en apparence lent de l'évolution humaine.

Mais cette gradation est une illusion due à notre perspective. Elle omet la manière dont la technologie et même l'évolution sont toujours apparues : par à-coups, avec des individus en première ligne. Des rondins de bois roulants ne deviennent pas inéluctablement des chariots. En réalité, quelqu'un a inventé la roue et l'essieu (considérés par de nombreux chercheurs comme la plus grande invention mécanique de tous les temps), et quelqu'un a tiré la première flèche avec un arc (probablement l'arme la plus performante que le monde ait jamais connue). L'histoire écrite n'est pas parfaite, et les noms de ces personnes ont été perdus. Mais un nom n'est qu'un détail, et la science moderne fournit aujourd'hui des éléments bien plus révélateurs sur les génies préhistoriques.

Ces deux mots – « génie » et « préhistorique » – sont rarement associés, à cause des stéréotypes véhiculés par les dessins animés, les caricatures, et la tentation d'assimiler à tort les outils et la technologie à l'intelligence. Si le terme « préhistorique » est simplement censé désigner ceux qui ont vécu avant la naissance de l'écriture, le premier synonyme que l'on en donne est pourtant : « primitif ». Les implications sont claires : les gens qui vivaient pendant « la nuit des temps » étaient des sauvages incultes. Des idiots. Des brutes qui habitaient dans des cavernes obscures et émettaient des grognements entre deux bouchées de burgers de mammouth.

Mais, comme pour la plupart des stéréotypes, un examen rapide suffit à anéantir celui-ci. Ces soi-disant hommes des cavernes – qui, pour la plupart, n'habitaient même pas dans des cavernes – avaient des connaissances bien plus vastes que nous autres qui vivons à l'ère de la production alimentaire de masse et de la spécialisation des professions. Leur survie dépendait d'une compréhension encyclopédique de leur environnement. Ils devaient trouver, cueillir, chasser, tuer et fabriquer quasiment tout ce qu'ils mangeaient, portaient ou utilisaient. Ils devaient reconnaître les plantes, déterminer s'il s'agissait d'un poison ou d'un remède et situer la saison et l'endroit où elles poussaient. Ils devaient également connaître les routes migratoires saisonnières de leurs proies. D'après les spécialistes avec lesquels j'ai discuté, rien n'indique que les génies étaient plus rares dans l'histoire ancienne qu'aujourd'hui, et au moins quelques données indiquent qu'ils étaient même plus nombreux.

Il peut sembler discutable, voire spéculatif, d'affirmer que des génies vivaient à l'époque préhistorique. Et pourtant !

De la même manière que les peuples préhistoriques avaient leur lot de crétins, bouffons, andouilles, traîtres, lâches, chenapans, et psychopathes assoiffés de vengeance – dont quelques-uns sont mentionnés dans les pages suivantes –, ils comptaient aussi dans leurs rangs les équivalents de Léonard de Vinci et Isaac Newton. Ce ne sont pas de simples spéculations. C'est un fait démontrable, vérifiable, indiscutable. La preuve est peinte sur les murs de plusieurs grottes en France, inscrite sur des tablettes d'argile au Moyen-Orient, dénichée sur des îles du Pacifique Sud, et enterrée avec quatre roues en Russie. Si Newton est célébré pour avoir inventé le calcul infinitésimal, que devrait-on penser de la personne qui a inventé les mathématiques ? Si Christophe Colomb est acclamé pour être accidentellement tombé sur l'Amérique, que devrait-on penser de la personne qui a l'a réellement découverte 16 000 ans plus tôt ? Et qu'en est-il de la personne qui a cherché et trouvé l'archipel le plus isolé du monde 500 ans avant que Colomb ne découvre (par hasard) un continent ?

« Préhistorique » signifie simplement que leurs noms et leurs histoires n'ont jamais été consignés, rien de plus. Leurs vies n'étaient pas moins exceptionnelles que celles de ceux qui ont vécu après eux, et dans quelques cas au moins elles l'étaient bien plus.

Le bon sens aurait dû décréter cela il y a bien longtemps. La science moderne a levé tous les doutes.

Jusqu'à présent, peu de choses ont été écrites au sujet de ces individus de l'ancien monde, en partie parce qu'il y avait très peu à dire. Les premiers archéologues ont trouvé des ossements et des outils, mais en quantités insuffisantes pour témoigner de l'humanité, de l'individualité, et des intentions de leurs propriétaires.

Mais depuis quelques dizaines d'années, la science moderne a apporté un éclairage impressionnant sur notre lointain passé. Grâce à des techniques d'extraction et d'analyse de l'ADN, des os anciens racontent de nouvelles histoires époustouflantes – sur les aventuriers à la frontière du monde habitable, sur les origines des épidémies, et même sur l'invention du vêtement. Des paléolinguistes ont reconstruit des langues anciennes pour suivre les mouvements des populations, comprendre leurs modes de vie, et même identifier le lieu d'origine de certaines inventions – y compris, peut-être bien, celui de la roue elle-même.

L'archéologie de la vieille école a également connu de profondes transformations au cours des vingt dernières années. Le nombre de découvertes a explosé, à tel point que leurs auteurs s'excusent systématiquement dans leurs articles si des révélations inévitables voient le jour entre la rédaction et la publication (considérez d'ailleurs ceci comme mes propres excuses). Écrire au sujet de la préhistoire est devenu une course sans fin, pas uniquement en raison des nouvelles découvertes, mais aussi à cause des nouveaux outils appliqués à d'anciennes découvertes.

De récentes études anthropologiques ont même révélé les mentalités de ces peuples anciens. Des travaux menés par des spécialistes, comme Donald Brown de l'université de Californie, ont révélé d'incroyables traits communs entre des centaines de cultures humaines, en apparence aussi différentes que celle des montagnards de Papouasie-Nouvelle-Guinée et celle des banquiers de Manhattan. Ces recherches de similarités ont fourni une liste de ce que les anthropologues appellent les « universaux humains », un ensemble de traits révélateurs et particulièrement spécifiques présentés par toutes les cultures.

Lorsque Marco Polo est rentré de son voyage au XIIIe siècle, il a choqué l'Europe avec ses récits d'allongement du cou pratiqué par les peuples Padaung et Kayan de Thaïlande et du Myanmar. Mais si l'allongement du cou et les nœuds papillon occidentaux peuvent sembler être le produit de deux mentalités totalement différentes, ils proviennent en réalité d'un désir humain universel d'individualisation et de décoration du corps. Il aurait été bien plus étrange que Marco Polo découvre une culture sans décoration corporelle. Or, aucun anthropologue n'a, à ce jour, fait une telle découverte. La décoration corporelle fait partie des centaines d'universaux humains que les anthropologues ont identifiés, et de nombreux chercheurs pensent que ces universaux offrent le meilleur prisme à travers lequel observer des cultures d'antan dont les restes archéologiques n'ont pas survécu. Ils ne décrivent pas des individus, mais ils aident à décrire ce que signifie être humain.

En dépit des puissants outils que nous utilisons désormais pour examiner notre lointain passé, de nombreuses questions fondamentales restent sans réponse. Lorsque j'ai demandé à deux des plus grands archéologues au monde à quelle date *Homo sapiens* avait commencé à parler un langage complet et à penser comme les hommes modernes, leurs réponses étaient espacées de plus de cent mille ans. Telle est l'opacité de notre passé.

Néanmoins, armés d'outils modernes, les chercheurs peuvent aujourd'hui plus que jamais se livrer à des spéculations plus éclairées sur les plus grands individus, les plus grands moments et les plus grandes premières de l'histoire de l'humanité.

J'avais déjà réfléchi auparavant aux étranges premières de l'humanité – comme beaucoup d'entre nous le font certainement en essayant quelque chose de nouveau et de particulièrement bizarre –, mais je ne m'étais pas sérieusement penché sur la question. Jusqu'au jour où j'ai lu une note émouvante rédigée par un médecin de l'Égypte antique, décrivant la tumeur du sein d'une de ses patientes. Les historiens pensent qu'il s'agit du tout premier cas documenté de cancer. À la fin d'une description longue et détaillée de la tumeur, le médecin a simplement ajouté : « Il n'existe aucun traitement. »

Il y avait quelque chose de touchant dans la spécificité de cette femme de l'ancien temps souffrant de cette maladie ancienne. Une spécificité et une individualité qui me semblaient absentes des descriptions habituelles des « peuples » anciens. J'ai donc décidé d'enquêter sur les premières de l'humanité, mais aussi sur les individus qui les ont réalisées.

Ce livre parle de ces personnages. De ce qu'ils ont fait. Et de leur importance.

Un petit mot sur le problème des grands nombres

Vous, moi, tout le monde, y compris les spécialistes, ne pouvons pas réellement nous représenter de longues périodes de temps. Nous percevons la différence entre 20 000 et 30 000 ans ou 300 000 ans simplement comme « il y a longtemps. » L'information est bien trop incommode, abstraite, et en fin de compte inutile pour que nous la comprenions. Les astronomes rencontrent le même problème lorsqu'ils discutent de l'immensité de l'espace ou du poids d'une naine blanche. Notre cerveau n'est pas conçu pour gérer ce degré d'abstraction et, quand nous sommes confrontés à l'un de ces inconcevables grands nombres, nous avons tendance à utiliser des tournures telles que « très grands », « très loin », ou « il y a très longtemps », et à passer rapidement à autre chose.

Le problème, bien entendu, c'est que même si ces grands nombres d'années nous semblent être identiques, ils ne le sont pas. Et dans le contexte de l'histoire humaine, ces différences sont lourdes de sens. De récentes découvertes archéologiques ont par exemple révélé qu'*Homo sapiens* avait coexisté sur un territoire avec l'homme de Neandertal pendant plus de 5 000 ans. C'est la même durée que *toute l'histoire écrite*. Évaluer correctement la différence entre 1 000 ans et 5 000 ans permet de lutter contre l'idée reçue selon laquelle l'intelligent *Homo sapiens* aurait anéanti Neandertal – ce qui devrait ensuite nous pousser à questionner la manière dont nous balayons généralement d'un revers de main les capacités intellectuelles de notre ancien cousin.

Pour comprendre les rapports entre les différentes espèces, les cultures, et la nature de notre évolution, nous devons ressentir les différences entre ces nombres colossaux. J'ai donc imaginé quelques systèmes pour vous y aider. Pendant un temps, je pensais ajouter le symbole du dollar derrière les années, de sorte que 1 000 serait devenu 1 000 $, dans le but de rendre l'abstrait tangible. J'ai finalement opté pour le système familier d'une horloge (à l'exception des deux premiers chapitres, qui se déroulent bien avant l'évolution des hommes). Si les 300 000 ans qui se sont écoulés depuis l'évolution de l'*Homo sapiens* anatomiquement moderne étaient représentés par une seule journée, l'histoire écrite commencerait une demi-heure avant minuit. Ce qui laisse vingt-trois heures et trente minutes de « préhistoire », pendant laquelle ont vécu environ 1,5 milliard d'individus anonymes.

Compte tenu du problème que posent les grands nombres, j'ai évité de mentionner de grands nombres d'années, sauf lorsque cela était absolument nécessaire, et choisi de fournir à la place le contexte dans lequel les gens vivaient. Cela étant, il est parfois inévitable de parler de nombres inconcevablement grands. Dans ces cas-là, peut-être sera-t-il plus parlant pour vous – comme c'est le cas pour moi – d'imaginer des dollars, des chronologies, voire des heures, au lieu des années.

Qui a inventé les inventions ?

Cela s'est produit il y a 3 millions d'années, soit avant l'évolution des humains.

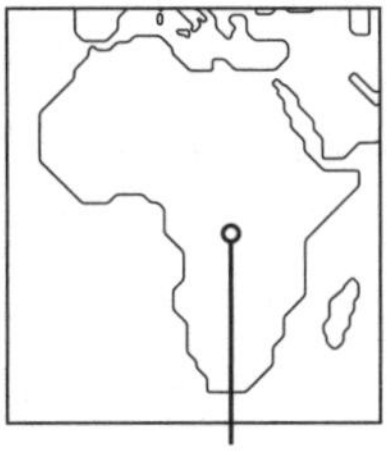

L'invention des inventions

En octobre 1960, Jane Goodall, alors âgée de 26 ans, a observé un chimpanzé, qu'elle a appelé David Greybeard, dépouiller une brindille de ses feuilles, l'enfoncer dans une termitière et manger les insectes qu'il parvenait ainsi à extraire. Pour Greybeard, ce n'était rien d'autre qu'un en-cas, mais pour une communauté scientifique qui, à cette époque, définissait *Homo sapiens* par sa capacité unique à utiliser des outils, c'était révolutionnaire. Jane Goodall a immédiatement télégraphié la nouvelle au paléo-anthropologue Louis Leakey, dont la célèbre réponse fut : « Il faut désormais redéfinir l'outil, redéfinir l'Homme, ou accepter le chimpanzé comme humain. »

Les anthropologues se sont alors empressés de redéfinir la singularité de notre espèce et se sont finalement accordés sur notre capacité à utiliser des outils pour *fabriquer* d'autres outils.

David Greybeard a peut-être effeuillé son bâton à termites, mais seuls les Homininés (un terme fourre-tout désignant *Homo sapiens* et tous nos ancêtres disparus après la séparation des grands singes) pourraient inventer un outil spécialement conçu pour l'effeuillage. Parmi les archéologues avec lesquels j'ai discuté, beaucoup sont convaincus que la capacité à planifier et résoudre un problème à l'aide d'un outil complexe non seulement définit notre espèce, mais dans certains cas précis a aussi fait notre espèce. Pour eux, nos inventions ne sont pas le résultat de notre évolution, mais plutôt l'explication de la voie qu'elle a empruntée. Dans quelques cas au moins, les plus anciens inventeurs n'ont pas fait que permettre un nouveau style de vie ou de nouvelles possibilités économiques, comme nous aurions tendance à envisager une invention moderne, ils ont permis notre évolution.

Aucun cas n'est plus représentatif que celui de la toute première des inventions, réalisée par l'un de nos lointains ancêtres bien avant l'évolution d'*Homo sapiens*.

Qui a été le premier inventeur ?

Je l'appellerai Ma, car c'était une jeune mère qui, comme tous les inventeurs, était confrontée à un problème.

Ma est née il y a environ 3 millions d'années et faisait partie d'une espèce de nos ancêtres appelée Australopithèque. Elle est née en Afrique, peut-être en Afrique orientale, où les archéologues ont mis au jour une concentration de fossiles australopithèques, dont la célèbre « Lucy », découverte en 1974. Il y a trois millions d'années, cela correspond à peu près à la moitié du chemin parcouru entre le moment où notre espèce s'est séparée de la lignée des chimpanzés et des bonobos, et l'ère moderne – rien d'étonnant, donc, dans le fait qu'en termes d'apparence et de comportement, Ma représente un juste milieu entre l'*Homo sapiens* et le chimpanzé.

Elle mesurait environ 1,20 mètre, pesait à peine 30 kilos, et à l'exception de son visage, elle était recouverte de poils sombres et épais. Ma mangeait plus de viande qu'un chimpanzé moderne, mais se la procurait plutôt sur des charognes qu'en chassant. Elle complétait ses repas avec des racines, des tubercules, des noix et des fruits. À bien des égards, un observateur contemporain pourrait la prendre pour un chimpanzé qui marche avec un équilibre remarquable, si ce n'était son usage étrange, habile et inventif des pierres. Pour faciliter son travail sur les carcasses, Ma aiguisait des pierres pour percer les os et en extraire la moelle, ce qui lui permettait de manger de la viande que d'autres charognards ne pouvaient atteindre.

Ma était un grand singe intelligent, mais pour de nombreux fauves d'Afrique, elle restait un casse-croûte. Pendant la journée, elle marchait sur deux jambes à la recherche de nourriture, mais à la nuit tombée, elle grimpait dans un nid dans les arbres pour se protéger des prédateurs nocturnes. Les archéologues ont trouvé des fémurs et des os de bras à côté de squelettes complets de prédateurs, indiquant malheureusement clairement qui mangeait qui.

Les prédateurs intéressés par Ma étaient divers. Ne maîtrisant pas le feu, elle était particulièrement vulnérable face à un chasseur tel que la panthère moderne, mais son espèce occupait un maillon si bas dans la chaîne alimentaire que même les aigles faisaient occasionnellement des Australopithèques leur repas.

L'incapacité de Ma à faire du feu et à le maîtriser avait une conséquence bien plus importante : cela signifiait qu'elle mangeait sa nourriture crue.

Le système digestif extrait bien moins de calories des aliments crus que cuits, qui sont aussi plus difficiles à mâcher, ce qui veut dire que Ma devait passer plus de temps à cueillir et à manger qu'un *Homo sapiens* moderne. Même avec leurs larges dents et leurs mâchoires puissantes, les chimpanzés modernes passent jusqu'à six heures par jour à mastiquer leur nourriture crue, tandis que le régime cuit de l'homme moderne moyen lui permet d'ingérer les rations d'une journée en à peine quarante-cinq minutes. Le régime cru de Ma indique qu'elle était contrainte de passer la journée presque entière à ramasser sa nourriture et à la manger, tout en échappant aux aigles et aux panthères, escaladant les arbres et errant en terrain découvert en quête de carcasses et de fruits.

Et son quotidien s'est encore compliqué quand, au début de l'adolescence, Ma a donné naissance à un bébé bruyant, sans défense et immobile.

Les nourrissons *Homo sapiens* sont une curiosité de l'évolution. À la naissance, la plupart des bébés mammifères sont capables de marcher, trotter, ou au minimum de s'accrocher à leur mère. La raison est évidente : chaque jour qui passe où le bébé ne peut suivre sa mère menace la survie de la mère comme de l'enfant. Le nouveau-né du singe capucin est capable de s'agripper presque immédiatement à la fourrure de sa mère, tandis que la mère d'un bébé chimpanzé – au cerveau plus gros – doit porter son bébé, mais seulement les deux premiers mois de sa vie. Les nouveau-nés *Homo sapiens*, en revanche, vivent plus d'un an dans un état d'impuissance quasi totale, incapables de marcher, ramper ou même soutenir le poids de leur propre corps. Si cela peut sembler être un désastre évolutionnaire, il s'agit en fait du revers de notre plus grande force : nos cerveaux surdimensionnés. Notre état d'impuissance prolongé s'explique en partie par le temps nécessaire au développement de billions de connexions synaptiques dans notre cerveau. Chez tous les primates, un compromis évolutionnaire s'opère entre la taille du cerveau et la mortalité infantile, et chaque espèce a atteint son propre équilibre. La question que se sont posée les archéologues est la suivante : comment les humains en sont-ils arrivés à un équilibre si vicieux ?

On peut supposer que lorsque la lignée des Homininés s'est individualisée de celle des chimpanzés, les bébés homininés étaient capables de s'accrocher à leurs mères peu de temps après leur naissance. Mais à un moment donné, cela a commencé à changer. Quand j'ai demandé à Cara Wall-Scheffler, biologiste à la Seattle Pacific University, à quel moment les jeunes mères homininées avaient atteint pour la première fois le stade où leur bébé impuissant devenait un trop gros fardeau, elle m'a répondu que, d'après elle, le passage à la bipédie il y a près de 3 millions d'années aurait placé les mères et leurs nouveau-nés dans une situation périlleuse.

Son raisonnement est simple : la station debout aurait rendu plus difficile pour le bébé de se cramponner à sa mère. De plus, marcher debout requiert un bassin plus étroit, ce qui aurait rétréci les voies génitales et nécessité des bébés avec une plus petite tête. Mais au lieu d'un rétrécissement du crâne et d'une augmentation des capacités des bébés homininés, c'est tout l'inverse qui s'est produit. La taille du crâne a augmenté, et les bébés sont devenus plus faibles. De nos jours, les *Homo sapiens* affichent l'un des plus importants ratios corps/taille du crâne de tout le règne animal, en dépit de leur station debout. Une bizarrerie que les biologistes appellent le paradoxe du bipède intelligent.

L'explication évolutionnaire de ce paradoxe tient au fait que les mères homininées donnaient naissance à leurs petits plus tôt dans leur grossesse. Autrement dit, le bébé de Ma est né prématuré de deux ou trois mois, avant que sa tête ne devienne trop grande pour la sortie. Depuis Ma, cette évolution n'a cessé de s'accentuer. Si les *Homo sapiens* donnaient naissance à leur bébé au même stade de développement que les chimpanzés, leur grossesse durerait vingt mois. Non seulement un bébé de cette taille ne passerait pas par les voies génitales, mais de plus la pression pour la mère enceinte serait bien trop forte. Résultat : un bébé humain passe les sept premiers mois de sa vie comme s'il était encore dans le ventre de sa mère –, impuissant et totalement dépendant de sa mère – pendant qu'il ajoute plus d'un milliard de synapses dans son cerveau chaque minute.

Le bébé sans défense de Ma lui aura certainement causé d'énormes difficultés pendant qu'elle ramassait de la nourriture. Aucune espèce moderne de primates, à l'exception de la nôtre, ne partage les tâches parentales – il est donc peu probable qu'elle ait été aidée par le père. Il est également peu probable qu'elle ait posé son enfant plus de quelques secondes, car aucun primate à l'état sauvage ne laisse son bébé sans surveillance un seul instant. Le danger est tout simplement trop grand. Si Ma avait laissé son bébé pendant qu'elle partait à la cueillette, la réaction de celui-ci aurait été semblable à celle d'un bébé humain aujourd'hui dans une situation similaire. Un jour ou l'autre, son bébé n'aurait de toute façon plus été là à son retour.

Tous les indices laissent à penser que Ma n'avait d'autre choix que de porter son bébé pendant les six premiers mois de sa vie, au minimum, tout en passant la plus grande partie de sa journée à chercher de la nourriture. Cette dépense d'énergie à elle seule constituait une menace pour sa survie. Cara Wall-Scheffler s'est intéressée à l'ergonomie du problème de portage de bébé auquel une mère australopithèque telle que Ma était confrontée, et a conclu qu'elle devait dépenser 25 % d'énergie de plus que d'habitude en portant son bébé – largement plus que le coût déjà considérable de l'allaitement. D'après ses estimations, porter un bébé est si éprouvant que la bipédie elle-même aurait nécessité une solution.

La solution de Ma, m'a informé Cara Wall-Scheffler, fut l'idée révolutionnaire et transformatrice pour l'espèce non seulement d'inventer quelque chose, mais surtout ce qui est probablement l'outil le plus lourd de conséquences jamais créé.

Elle a inventé le porte-bébé.

Les matériaux du porte-bébé de Ma étaient certainement très élémentaires. Peut-être aussi simples qu'une boucle de plante grimpante enroulée et attachée par un nœud. Si la réalisation d'un nœud peut paraître avancée pour une Australopithèque comme Ma, tous les grands singes savent pourtant faire des nœuds et, comme me l'a précisé Cara Wall-Scheffler, il n'est donc « pas inconcevable d'imaginer que les Australopithèques savaient aussi former une simple boucle. »

Partant de là, le porte-bébé n'était peut-être pas tant un challenge technique qu'un défi conceptuel. Utiliser un outil pour en fabriquer un autre fait appel à ce que les psychologues appellent « la mémoire de travail », c'est-à-dire la capacité à retenir une information, à la manipuler, puis à l'utiliser.

Nous nous servons en permanence de la mémoire de travail – par exemple, lorsque vous allez à l'épicerie, vous pouvez visualiser le plat que vous allez préparer de manière à acheter les ingrédients nécessaires. Ou si vous reconstruisez un puzzle, vous pouvez visualiser l'image finale de manière à comprendre où placer telle ou telle pièce. Plus une tâche donnée comprend d'étapes, plus la mémoire de travail est sollicitée. Fabriquer une pièce de fusée entretenant des interactions complexes avec des milliers d'autres composants implique un travail cérébral plus important que faire les courses pour le dîner, mais le principe est le même. Ma ne pouvait peut-être pas construire une fusée, mais lorsque le poids de son bébé est devenu un trop gros fardeau et qu'elle a visualisé une solution potentielle, elle a fait preuve d'une première forme d'ingéniosité psychologique sophistiquée.

Le porte-bébé de Ma ne lui a peut-être rendu la vie que légèrement plus facile, mais on ne saurait surestimer l'importance de ses conséquences évolutionnaires. Un porte-bébé élémentaire aura permis aux bébés homininés de passer un temps quasi illimité dans un état vulnérable, ce qui, d'après Timothy Taylor, archéologue et auteur de *The Artificial Ape*, n'a pas fait que bouleverser le paradoxe du bipède intelligent, mais l'a totalement fait disparaître. Le paradoxe n'existe plus si les mères, armées de porte-bébés, peuvent donner naissance à leur enfant bien avant que son développement ne soit terminé. Le porte-bébé n'a pas fait qu'alléger le fardeau de Ma. Il a éliminé la contrainte évolutionnaire déterminant l'ampleur du développement de nos cerveaux. Ce faisant, le porte-bébé a transformé notre évolution.

Cela peut sembler exagéré. Ça ne l'est pas. Sans porte-bébé, les vulnérables bébés homininés auraient depuis longtemps été posés à terre par des mères épuisées, et dévorés par des panthères. D'après Jane Goodall, les mères chimpanzés inexpérimentées perdent la moitié de leurs bébés pendant la période où ils sont incapables de s'agripper à elles. Et cette période ne dure que deux mois. Les têtes larges des créatures bipèdes devraient être une impasse évolutionnaire. Si ça n'est pas le cas, c'est grâce au porte-bébé. Et à Ma.

Bien évidemment, si Ma avait été la seule à utiliser un porte-bébé, et si les autres mères australopithèques n'avaient porté sur son invention qu'un regard perplexe, les conséquences sur l'évolution auraient été nulles. Elle aurait simplement rendu sa vie un peu plus facile, rien de plus.

Mais ce n'est pas ce qu'il s'est passé.

L'invention de Ma a fait des émules. Timothy Taylor m'a expliqué que, peu de temps après Ma, nos ancêtres ont connu une poussée de croissance cérébrale rapide. Cette croissance spectaculaire, qui a poussé les mères à donner naissance à leur bébé encore plus tôt dans leur développement, aurait été impossible sans son porte-bébé. Et si l'idée de Ma s'est répandue, c'est que les Australopithèques possédaient certainement déjà l'une des plus grandes compétences d'*Homo sapiens* : nous sommes une espèce de formidables copieurs.

Les anthropologues appellent cette compétence « l'apprentissage social ». Lorsque des chercheurs ont testé des nouveau-nés *Homo sapiens* en comparaison avec des chimpanzés dans une série d'épreuves intellectuelles diverses, l'apprentissage social est apparu comme la compétence dans laquelle les humains excellaient. D'après Joseph Henrich, professeur de biologie de l'évolution humaine à l'université Harvard, les *Homo sapiens* sont des imitateurs invétérés. Nous nous observons les uns les autres, nous apprenons et nous copions. Bref, nous sommes une espèce de plagiaires intellectuels éhontés. Mais il s'agit d'une caractéristique, et non d'un virus.

Aucun d'entre nous n'est aussi ingénieux qu'il aime le croire, notamment quand il s'agit de notre survie. Comme le souligne Joseph Henrich dans son livre *L'Intelligence collective* (Les Arènes, 2019), les groupes d'explorateurs humains qui ont fait naufrage ou qui se sont retrouvés perdus dans le désert australien ou dans la toundra glaciale du Groenland affichent un bien pitoyable historique. Dans la quasi-totalité des cas, les explorateurs perdus dans de nouveaux environnements acceptent l'aide des gens du coin ou meurent de faim dans leur ignorance.

Pour Joseph Henrich, l'enseignement à en tirer est le suivant : nous devons notre exceptionnelle adaptabilité à la capacité de l'humanité à apprendre, copier et concevoir de petites innovations. Si les humains, à l'instar des grands singes, avaient ignoré leurs moments d'inspiration respectifs, nous serions peut-être encore coincés dans la même niche écologique. Mais grâce à notre excellence implacable dans l'art de l'imitation, nous en sommes sortis. Chaque petite amélioration apportée par chaque individu est observée, apprise, puis adoptée par le groupe. Nous sommes les grands adaptateurs technologiques du règne animal. Par le biais de micro-innovations et du plagiat collectif, nous progressons.

À l'époque de l'invention de Ma, la faculté d'imitation des Homininés existait vraisemblablement déjà, puisque ces congénères australopithèques n'ont ni ignoré ni moqué son étrange dispositif. Elles ont fait ce que les Homininés savent faire de mieux : elles l'ont imitée.

Cette large adoption du porte-bébé a non seulement prolongé artificiellement la gestation et repoussé les limites du développement potentiel de notre cerveau, mais elle a aussi renforcé le lien entre la mère et l'enfant. Le porte-bébé attachait physiquement la mère et son enfant d'une manière qui leur permettait de se regarder pendant de longues périodes. Et si Ma ne parlait pas un langage complet, elle pouvait certainement, comme les chimpanzés, communiquer à un niveau élémentaire.

Jane Goodall a enregistré des communications entre des mères chimpanzés et leurs petits. Leurs cris se résument essentiellement à des « hou » sonores exprimés par les bébés lorsqu'ils veulent être portés, ou par la mère lorsqu'elle souhaite qu'ils grimpent sur son dos. Si l'on est bien loin du bavardage incessant qui se produit entre une mère *Homo sapiens* et son nourrisson, les très fréquents « hou » que Ma adressait à son bébé ont peut-être été un ancêtre de quelque chose de bien plus sophistiqué. Le « mamanais » – la façon mélodieuse dont une mère parle avec son bébé, également connue sous le nom de « langage bébé » – est un universel culturel. Toutes les mères humaines, quelle que soit leur langue, parlent à leur bébé en suivant la même tonalité aiguë-grave-aiguë, ce qui est la preuve pour les anthropologues que ce mode de communication provient de notre lointain passé. Certains linguistes pensent même que le langage bébé est un écho de la langue originelle. Lorsque Ma a noué le premier porte-bébé et passé des journées entières à regarder son petit dans les yeux, elle a peut-être renforcé involontairement et pour toujours le lien essentiel entre la mère et l'enfant.

Ce lien a peut-être mené au langage, à une socialisation renforcée, à une plus grande intelligence et à des inventions bien plus sophistiquées, mais tous ces développements se sont produits sur des milliers d'années. Si Ma a bel et bien allégé son fardeau et amélioré les chances de survie de son enfant, rien ne prouve que Ma ou d'autres Australopithèques aient développé ces relations sociales plus avancées. Rien n'indique non plus qu'ils honoraient ou se souvenaient de leurs morts, même si le mort en question était leur propre mère. Alors, lorsque Ma est décédée, personne n'a fait l'éloge ni même enterré la première inventrice du monde. À la place, son enfant a peut-être tout simplement emporté son corps.

Qui a découvert le feu ?

Cela s'est produit il y a 1,9 million d'années, soit avant l'évolution des humains.

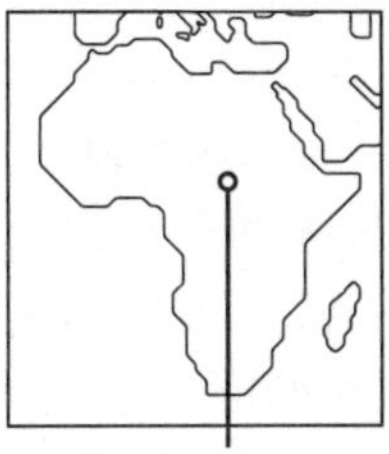

Domestication du feu

Entre 1891 et 1892, sur l'île indonésienne de Java, un médecin devenu paléoanthropologue du nom d'Eugène Dubois découvrit un fémur, deux molaires et une calotte crânienne appartenant à un individu ancien à la forme mystérieusement semblable à l'humain. Eugène Dubois déclara alors que l'homme de Java, comme il l'avait surnommé, était le « chaînon manquant » entre les humains et les grands singes.

Les membres de la communauté scientifique furent nettement moins emballés.

Ils rejetèrent d'emblée sa théorie et se lancèrent dans un débat animé pour déterminer à quel point Eugène Dubois était ridicule. Le naturaliste Richard Lydekker écrivit que le crâne était probablement celui d'un humain difforme, tandis que l'anatomiste allemand Wilhelm Krause déclara que Dubois avait bel et bien fait une importante découverte – mais seulement dans la mesure où il avait identifié une nouvelle espèce de gibbon.

Ce n'est qu'en 1921, lorsque les archéologues Johan Andersson et Walter Granger mirent au jour les os quasi identiques de quarante autres individus dans un réseau de grottes près de Pékin, que la communauté scientifique reconnut la découverte de Dubois pour ce qu'elle était : une confirmation retentissante de la théorie de l'évolution de Charles Darwin.

Les biologistes appelèrent cette nouvelle espèce *Homo erectus* (l'homme debout) et pensèrent pendant un temps qu'elle constituait effectivement le chaînon manquant – l'unique espèce reliant *Homo sapiens* aux grands singes. Mais quarante ans plus tard, en Afrique orientale, Mary et Louis Leakey découvrirent la preuve d'une autre espèce plus ancienne de primates. Ils la baptisèrent *Homo habilis* (l'homme habile), en raison des divers outils en pierre trouvés à proximité. La question, désormais, était de comprendre dans quelle mesure ces deux espèces étaient apparentées.

Au premier abord, rien n'indiquait de façon évidente qu'elles l'étaient, car les différences entre les deux espèces sont frappantes. L'homme de Java était un chasseur, il dormait à même le sol, avait une faible pilosité corporelle, une boîte crânienne bien plus large, une mâchoire bien plus petite et un torse nettement plus court, tandis que l'homme habile était un charognard qui marchait sur la terre ferme le jour, mais dormait dans un nid dans les arbres la nuit, et qui était recouvert de poils. D'un côté, de nombreux biologistes préfèreraient écarter totalement *Homo habilis* du genre *Homo*, tandis que de l'autre, *Homo erectus* ressemble si fortement à l'humain que Lydekker l'avait pris pour l'un d'entre eux.

Et pourtant, de nombreux scientifiques commencèrent à suspecter qu'un groupe d'*Homo habilis* avait, de fait, évolué en *Homo erectus*.

Qu'est-ce qui pourrait expliquer cette transformation radicale ? Pour Richard Wrangham, primatologue à Harvard, toutes les modifications morphologiques s'expliquent par un tour de passe-passe simple mais fondamental, qui a transformé à jamais l'espèce : quelqu'un a appris à contrôler le feu.

Malgré leurs différences, *Homo habilis* et *Homo erectus* avaient bien une chose en commun : ils taillaient des pierres pour fabriquer des outils tranchants. Cette pratique ancienne constitue le plus ancien procédé de fabrication jamais conçu. Il a mené directement aux lames, aux pointes de flèches, et beaucoup plus tard aux fusées Saturn V. Mais il a aussi mené à la découverte bien plus conséquente du feu.

Charles Darwin disait de la domestication du feu qu'il s'agissait de la plus grande découverte de l'histoire de notre espèce, si l'on excepte le langage. En réalité, c'était sous-estimer cette découverte. Le feu n'a pas été contrôlé par notre espèce ; il est responsable de notre espèce. Le feu n'a pas seulement simplifié la vie, il nous a façonnés, principalement et de façon spectaculaire, par le biais de la cuisson.

Au niveau le plus élémentaire, chauffer la nourriture permet de faciliter et d'alléger les processus de mastication et de digestion. La chaleur ramollit les aliments et brise leurs liaisons chimiques. Cela peut sembler être un avantage futile. Loin de là. Plus les morceaux de muscle, de graisse, de tendon et de cellulose sont petits et mous – et plus leurs liaisons chimiques sont brisées –, plus les intestins peuvent en absorber l'énergie. Résultat : les aliments, d'origine végétale ou animale, fournissent 20 à 50 % de calories supplémentaires lorsqu'ils sont cuits que lorsqu'ils sont mangés crus.

Le contrôle du feu a ainsi entraîné un énorme apport calorique auquel nos corps se sont depuis longtemps adaptés. Les *Homo sapiens* ont évolué pour manger des aliments cuits, de la même manière que la girafe a évolué pour manger les feuilles les plus hautes des arbres. Aujourd'hui, notre mâchoire est trop faible, nos dents minuscules, nos estomacs trop petits, nos intestins trop courts et notre cerveau trop gourmand en calories pour retourner à un monde sans feu. Aucun cas d'*Homo sapiens* moderne survivant plus de quelques semaines avec un régime composé d'aliments crus sauvages et non transformés n'a été constaté. Sans la cuisson des aliments, notre espèce serait menacée d'extinction.

La maîtrise du feu n'est pas une conséquence des changements comportementaux et physiques monumentaux entre l'*Homo erectus* et ses ancêtres plus proches des grands singes. Elle en est la cause. Aucune invention, découverte ou idée passée, présente et potentiellement future ne pourrait surpasser l'influence transformatrice pour le squelette que la cuisson des aliments a exercée sur notre espèce. Et contrairement au développement du langage, la domestication du feu n'était pas une évolution. C'était une découverte.

Qui l'a faite ?

Je l'appellerai Martine, en référence à la géologue française du XVIIe siècle Martine de Bertereau, à la fois parce que le contrôle du feu est essentiellement une découverte géologique, et parce que Martine de Bertereau, a été emprisonnée pour sorcellerie – une accusation dont notre Martine, après avoir allumé le premier feu, aurait très bien pu faire l'objet.

Martine était une *Homo habilis* née il y a environ 1,9 million d'années en Afrique de l'Est, bien longtemps avant l'émergence des humains anatomiquement modernes. Elle mesurait environ 1,20 mètre, pesait 30 kilos, et sa boîte crânienne faisait près de 40 % de la taille de celle d'un *Homo sapiens* moderne. Son front était légèrement incliné et sa mâchoire projetée vers l'avant, pour abriter des dents plus larges dont la morsure était bien plus puissante que celle d'un *Homo sapiens*. Son squelette indique qu'elle occupait une sorte de curieux juste milieu dans la transition des Homininés, de la vie dans les arbres à la station debout. Ses jambes et son bassin étaient bien adaptés pour la marche, tandis que ses bras allongés et la structure de ses épaules conservaient certaines adaptations lui permettant de grimper. Les archéologues pensent que Martine était essentiellement bipède et qu'elle passait ses journées à chercher des noix, des baies et des carcasses dans la savane africaine. Mais elle dormait aussi dans les arbres – probablement pour éviter les prédateurs nocturnes.

Martine occupait un maillon intermédiaire de la chaîne alimentaire, et les archéologues trouvent régulièrement des fossiles d'*Homo habilis* dont les squelettes comportent des marques de griffes et de dents. Elle n'était pas encore le chasseur endurant qu'*Homo erectus* est ensuite devenu, car ses jambes et tendons d'Achille étaient bien trop courts pour lui donner la performante foulée d'*Homo erectus*. Par ailleurs, elle était couverte de poils et aurait été rapidement en surchauffe lors d'une longue course.

Elle mangeait bien de la viande, mais préférait les charognes et ne tuait que de temps à autre, comme les chimpanzés aujourd'hui. Contrairement à *Homo erectus* qui partait pour de longues chasses à l'épuisement, Martine survivait grâce à la cueillette et aux carcasses. La preuve provient de sa composition osseuse, mais aussi d'une analyse ADN réalisée sur un parasite d'aujourd'hui appelé ténia, ou ver solitaire. D'après cette analyse, ce ver proviendrait des hyènes, mais aurait été transmis à nos ancêtres il y a près de 2 millions d'années – à peu près à l'époque de Martine –, quand un malheureux Homininé a mangé une carcasse d'antilope préalablement dévorée par une hyène infectée.

La viande de charogne est difficile à découper sans l'aide de dents, d'un bec, ou de serres capables d'arracher, comme en sont pourvus la plupart des charognards du règne animal. Martine a donc compensé en affûtant des pierres. Cela ne semble pas être une grande prouesse intellectuelle, mais, comme me l'a expliqué John Rick, professeur d'archéologie à l'université de Stanford, cela signifie que Martine devait savoir exactement comment la pierre se casserait, où la frapper, comment la frapper et comment la tenir. Tailler une pierre avec précision est plus complexe qu'on ne l'imagine, et sans observer quelqu'un d'autre le faire au préalable, peu de gens y parviendraient.

En taillant ses pierres tranchantes, Martine a fait preuve d'une compétence plus importante pour allumer un feu : pour fabriquer ses outils, il lui fallait aussi faire la distinction entre divers types de pierre. Elle devait sélectionner une pierre dure et cassante, comme le silex ou l'obsidienne, et la frapper avec un galet solide pour fabriquer ses outils coupants.

Au fil du temps, après avoir taillé des centaines de milliers d'outils en pierre, les *Homo habilis* comme Martine ont dû occasionnellement produire des étincelles, écrit Richard Wrangham. Ce qui, en soi, n'aurait pas été réellement révolutionnaire.

Le feu est un phénomène bien connu des chimpanzés dans la savane africaine, et Martine connaissait déjà sûrement ses effets à la fois dévastateurs et utiles. Les chimpanzés du Sénégal sont réputés pour savoir dans quelle direction se diriger pour éviter les feux de forêt, fréquents dans leur habitat naturel. Ils peuvent anticiper la trajectoire du feu, et le cherchent même parfois pour trouver de la nourriture cuite dans les herbes brûlées, car c'est ainsi que tous les mammifères, y compris les chimpanzés, préfèrent prendre leur repas.

La préférence pour les aliments cuits est profondément instinctive. Une pomme de terre rôtie a meilleur goût qu'une pomme de terre crue, car la sélection naturelle a paramétré nos papilles de sorte qu'elles préfèrent la nourriture qui fournira le plus de calories. Cuire une pomme de terre n'augmente pas sa teneur en calories, mais augmente ce que nos intestins peuvent en extraire, et nous préférons par conséquent une pomme de terre rôtie à une pomme de terre crue.

Et cela ne vaut pas que pour les *Homo sapiens*. Tous les mammifères possèdent un système digestif capable d'extraire davantage de calories des aliments cuits, ce qui explique pourquoi non seulement les humains, mais aussi les chimpanzés et même les rats préfèrent leur pomme de terre cuite, si le choix leur en est donné. Certains spécialistes pensent que les chiens domestiqués descendent de loups qui auraient fouillé dans les ordures des humains à la recherche de restes d'aliments cuits. Leur système digestif, tout comme le nôtre, aurait ainsi fini par évoluer en fonction de ce nouveau régime. Cette préférence universelle pour la nourriture cuite laisse à penser que les premiers Homininés, comme les chimpanzés, recherchaient les feux naturels et les entretenaient peut-être même de manière opportuniste.

Mais le feu opportuniste n'est pas un feu permanent, et les *Homo erectus* qui ont voyagé de l'Afrique de l'Est à l'Indonésie possédaient déjà une structure intestinale exigeant des aliments cuits. C'est la preuve qu'ils entretenaient le feu tiré de source naturelle, mais qu'ils savaient aussi en allumer un nouveau lorsque le précédent finissait par s'éteindre. Quelqu'un a dû apprendre à contrôler le feu.

L'éclair de génie de Martine ne fut pas le moment où elle créa des étincelles, un incident qui était probablement inhabituel mais pas exceptionnel. Non, son génie fut de comprendre pourquoi frapper des pierres produisait dans certains cas des étincelles, *mais pas dans la plupart des cas*. La réponse se trouve du côté de la géologie. Allumer un feu en percutant des pierres est soit simple soit impossible, en fonction des pierres que vous choisissez. La clé est la pyrite.

La pyrite est un sulfure de fer qui se présente sous différentes formes. Elle ressemble à s'y méprendre à de l'or, ce qui lui a valu le surnom de « l'or des fous ». L'or des fous est un piètre allume-feu, mais lorsque j'ai essayé de percuter un type spécifique de pyrite appelé marcassite, j'ai réussi à démarrer un feu en quelques minutes.

Aussi loin que remontent les traces archéologiques, les Homininés utilisaient la pyrite pour allumer des feux. L'homme des glaces Ötzi, il y a 5 000 ans, possédait dans son petit sac tout un nécessaire à feu, composé de fragments de pyrite, de silex et d'amadou. En Belgique, des archéologues ont découvert un bloc de pyrite rainuré vieux de 13 000 ans, qui avait de toute évidence servi à produire des étincelles pour faire du feu. Et en 2018, l'archéologue Andrew Sorensen, de l'université de Leyde, a décelé des résidus de pyrite sur des bifaces néandertaliens vieux de 50 000 ans, laissant supposer que les Néandertaliens faisaient du feu en frappant de la pyrite avec le bord de leurs outils en pierre.

On trouve de la pyrite un peu partout dans le monde, y compris en Afrique de l'Est. Il existe actuellement une mine de pyrite, d'or et d'argent dans le nord de l'Éthiopie qui se trouve à seulement 600 kilomètres de certains des plus anciens squelettes d'*Homo erectus* de Koobi Fora, au Kenya. Le recours à la pyrite – ou, plus actuellement, à l'acier – est primordial pour allumer un feu. D'autres pierres ne fonctionneront pas, car il leur manque l'ingrédient essentiel : du fer non exposé.

Lorsque le fer est exposé à l'oxygène, il prend feu. Dans de grandes quantités, ce processus s'opère lentement et se présente sous la forme de la rouille que l'on connaît. Mais avec de petits copeaux possédant un faible volume et une surface importante, le fer contenu dans la pyrite s'oxyde si vite qu'il génère assez de chaleur pour embraser du petit bois.

La marcassite est une pierre sombre et cassante qui aurait facilement pu être prise pour une grosse pierre qu'on trouve dans les rivières, même si une fois ouverte, les sulfures de fer qu'elle contient brillent comme de l'or. Si Martine avait par hasard taillé un outil en silex ou en obsidienne contre de la marcassite, elle aurait arrosé le sol de petits éclats de fer non exposé. Et si elle avait percuté ses outils au-dessus d'une herbe sèche, elle aurait très bien pu allumer un feu totalement par inadvertance. Ceci aurait été un événement inquiétant, certes, mais pas particulièrement exceptionnel. La quantité d'outils en pierre taillée aurait rendu la chose presque inévitable. Mais la perspicacité dont a fait preuve Martine en comprenant que cette pierre foncée et cassante aux éclats dorés était la clé en fait incontestablement l'observation la plus importante de l'histoire des Homininés.

Parvenir à cette connaissance géologique peut sembler dépasser les capacités intellectuelles d'un Homininé, dont le cerveau n'atteint pas la moitié du nôtre, mais Martine savait déjà faire la distinction entre diverses pierres pour confectionner ses outils. Et il peut sembler dépasser les capacités de cet ancêtre lointain d'allumer un feu, de l'entretenir, puis – et surtout – de comprendre comment il est apparu. Mais, en 2005, lorsque la primatologue Sue Savage-Rumbaugh a donné des allumettes et un chamallow à Kanzi, un bonobo dressé, il a réussi à rassembler du petit bois, allumer un feu et faire cuire son chamallow. Martine possédait un cerveau deux fois plus gros que celui de Kanzi.

Le feu a bouleversé pratiquement tous les aspects de l'existence des Homininés. Dormir à même le sol en présence des grands prédateurs d'Afrique est dangereux, même pour les chasseurs-cueilleurs modernes. Pourtant, les indices squelettiques sont sans équivoque : *Homo erectus* dormait par terre. Sans feu, il serait bien difficile d'expliquer comment. Avec son feu, Martine a quitté son nid pour dormir près des flammes – et par conséquent, les Homininés ont perdu les facultés qui leur permettaient de grimper aux arbres.

Dormir près du feu a également rendu la fourrure obsolète, sa principale raison d'être étant de tenir chaud à nos ancêtres pendant la nuit. Libérés de la nécessité d'une pilosité abondante, les Homininés avec des poils plus fins (les *Homo sapiens* possèdent le même nombre de follicules pileux par centimètre carré de peau que les chimpanzés – nos poils sont simplement plus fins) sont devenus des chasseurs plus efficaces que ceux dotés d'une fourrure intégrale. Les *Homo erectus* pouvaient faire redescendre leur température plus efficacement que les animaux qu'ils chassaient, et, s'ils avaient froid pendant la nuit, ils pouvaient tout simplement se rapprocher du feu.

Les réunions autour du feu ont par ailleurs rendu les individus plus aimables. Personne ne sait avec quelle efficacité Martine pouvait communiquer avec ses congénères *Homo habilis*, mais, quelle qu'ait été sa capacité de communication, elle a très certainement été renforcée autour du feu. Martine et son groupe auraient été contraints de coopérer pour pouvoir s'asseoir tout près les uns des autres autour du feu pour profiter de sa chaleur et faire cuire de la nourriture. Tout individu violent, non coopératif ou instable aurait risqué d'être banni du regroupement près du feu, une sentence équivalente à une peine de mort. Progressivement, la fiabilité et la prédictibilité sont devenues des valeurs de survie, et l'évolution a commencé à favoriser les cerveaux les plus aptes à entretenir les relations sociales nées autour du feu de camp. En substance, l'utilisation du feu a favorisé l'apparition d'individus plus aimables, avec des cerveaux plus gros.

Les gros cerveaux sont calorivores – nos cerveaux consomment 20 % de notre énergie –, mais ici aussi, le feu a apporté son aide. Non seulement il a augmenté le nombre de calories que Martine pouvait extraire de sa nourriture, mais en contournant la nécessité de mâchoires puissantes, d'un énorme estomac et de longs intestins, le feu a entraîné une redistribution radicale des ressources du corps.

Dans leur « théorie des tissus coûteux », les paléoanthropologues Leslie Aiello et Peter Wheeler avancent qu'*Homo erectus* a partiellement compensé l'augmentation de la taille de son cerveau de 30 % en se débarrassant des parties autrefois robustes et désormais superflues de son système digestif. Ces changements profonds sont difficiles à expliquer, si ce n'est par une transition à temps plein vers les repas cuits.

À cela s'ajoute le gain de temps généré par la cuisson – ce qui peut sembler contradictoire, mais qui ne l'est pas, car, si la cuisson prend du temps, mastiquer des aliments crus en prend bien plus. Comme nous l'avons vu, les chimpanzés passent six fois plus de temps à manger que l'homme moderne – une différence colossale qui s'explique tant par la dureté des aliments crus que par les calories réduites qui en sont extraites à chaque bouchée. *Homo erectus* étant plus grand qu'un chimpanzé moderne, Aiello et Wheeler estiment qu'un *Homo erectus* suivant un régime alimentaire cru aurait dû manger huit heures par jour pour maintenir son poids. En cuisant les aliments, *Homo erectus* a gagné des heures de temps libre par jour, et les preuves indiquent qu'il s'en servait pour pourchasser les aliments qu'il prisait.

L'une des nombreuses conséquences de la cuisson a été une hausse spectaculaire du temps qu'*Homo erectus* passait à chasser. Les chimpanzés ne mangent de la viande que lorsqu'ils tombent sur une proie, d'après Wrangham, et ne se lancent jamais dans de véritables chasses, car dans l'éventualité – probable – qu'ils rentrent bredouilles, ils mourront de faim. Martine, qui était plus souvent proie que chasseuse, se trouvait probablement dans la même situation.

Pourtant, *Homo erectus* était un chasseur. Sur les sites d'*Homo erectus*, on trouve fréquemment des os éparpillés de leurs repas. Et pour Richard Wrangham, s'il pouvait chasser, c'est parce que lorsqu'un *Homo erectus* rentrait chez lui le soir après une chasse peu fructueuse, il pouvait rapidement manger un repas cuit.

Bien entendu, Martine n'a jamais eu connaissance de tous ces bienfaits de l'évolution, qui ont mis des dizaines de milliers d'années à se développer. Martine a vécu en *Homo habilis* – quoique, peut-être, une *Homo habilis* plus heureuse et plus corpulente que d'autres, à en croire ses repas plus généreux. Nourrie et protégée par son feu, elle a peut-être même eu le rare privilège de mourir de vieillesse.

On aimerait penser qu'à sa mort, sa communauté lui a rendu hommage pour la remercier de sa découverte. Peut-être, de façon très à-propos, aurait-elle pu être incinérée. Malheureusement, les *Homo habilis* n'honoraient pas leurs morts. Pour seule cérémonie, ses compagnons ont certainement déplacé son corps pour éviter qu'il n'attire les charognards jusqu'au feu de camp.

Qui a mangé la première huître ?

Cet événement et les suivants ont eu lieu après l'évolution de l'homme moderne. Si l'existence de notre espèce sur Terre était condensée en une journée, ceci se serait produit à 10 h 53.

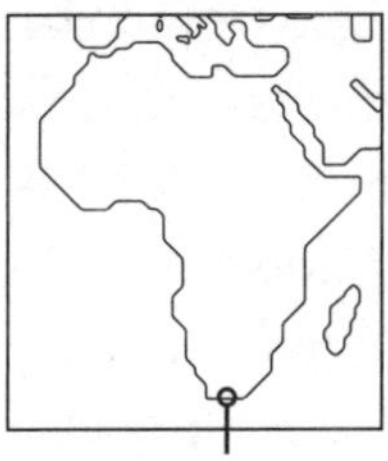

Première huître mangée, il y a 164 000 ans

À l'été 2007, lors de fouilles dans une série de grottes sur la côte australe d'Afrique du Sud, une équipe d'archéologues menée par Curtis Marean, de l'université d'État de l'Arizona, a découvert des preuves fossiles d'un campement *Homo sapiens* vieux de 164 000 ans. Ils y ont trouvé des restes de charbon d'anciens feux de camp, des outils en pierre, des pigments rouges, et surtout, des coquilles d'huîtres – la plus ancienne preuve que quelqu'un a eu le courage de manger ce mollusque gluant. Mais d'après Curtis Marean, ces coquilles sont le signe de quelque chose de bien plus qu'un simple acte de bravoure. Pour lui, ces fruits de mer étaient la récompense comestible d'une observation astronomique complexe et obscure, réalisée par un scientifique vivant il y a plus de 100 000 ans.

Qui est donc ce héros scientifique et explorateur culinaire qui a osé manger la première huître ?

Son nom était Madame Huître – ou du moins, c'est ainsi que je l'appellerai. Ce nom n'est pas aussi invraisemblable qu'on pourrait le penser, et il pourrait même être une traduction approximative de son véritable nom. Historiquement, les conventions d'appellation sont généralement descriptives (« Legrand », « Boucher », « Mercier », etc.), et non une suite aléatoire de sons. Et si son nom devait être porteur de sens, quoi de mieux que « Madame Huître » pour désigner la première personne à avoir ouvert un objet d'apparence rocheuse trouvé dans une mare résiduelle et mangé la créature blanche et visqueuse qui s'y trouvait ?

Jonathan Swift aurait dit : « Celui-là a eu du courage, qui a été le premier à manger une huître ». Et il avait probablement raison lorsqu'il a déclaré que manger un tel fruit de mer était un acte courageux. Mais il avait vraisemblablement tort sur le reste. Tout porte à croire que ce n'est pas « celui-là » qui a eu du courage, mais plutôt « celle-là ».

Dans toutes les tribus de chasseurs-cueilleurs étudiées par l'anthropologie moderne, l'approvisionnement en nourriture est géré selon une répartition claire des sexes. Peu importe que l'essentiel du travail incombe au chasseur ou au cueilleur, la division est extrêmement stricte : les femmes récoltent généralement les denrées de base dont l'obtention est plus sûre – telles que les noix, les baies, les racines et les coquillages –, tandis que les hommes pourchassent la nourriture qui s'enfuit en courant, en volant ou en nageant. Même dans les îles tropicales du nord de l'Australie, où les aliments à cueillir existaient en abondance, les hommes ne participaient que très peu à la cueillette. Et sur l'archipel Tierra del Fuego, à l'extrême sud du continent sud-américain, où la majorité des calories provenaient de la chasse de larges mammifères marins, les femmes ne chassaient pas.

S'il n'existe aucun consensus anthropologique expliquant cette division entre les sexes entre chasseurs et cueilleurs, il existe toutefois certaines théories. Pour Richard Wrangham, elle a trait au contrôle du feu, et plus précisément au temps nécessaire pour cuire les aliments. Les chimpanzés dévorent leur repas aussi vite que possible pour éviter qu'un autre chimpanzé plus imposant ne le leur vole. Si l'on part du principe que les premiers Homininés se comportaient de la même manière, cuire des aliments aurait été impossible pour tous, à l'exception du plus fort. Par conséquent, selon la théorie de Wrangham, pour pouvoir cuisiner, les femelles étaient contraintes d'accepter une sorte de chantage mafieux, dans lequel les mâles offraient une protection aux femelles plus petites pour leur permettre de cuire les aliments, en échange de quoi elles les nourrissaient. Les mâles, ayant désormais la garantie d'un repas chaud le soir, étaient libres de partir en quête de nourriture plus nutritive sans risque d'avoir faim en cas de chasse infructueuse. Ce n'est qu'une théorie, bien entendu, et qui est quasiment impossible à prouver, mais elle expliquerait cet étrange partenariat entre les *Homo sapiens* mâles et femelles que l'on n'observe chez aucun autre primate. Elle expliquerait aussi pourquoi la répartition des tâches entre les sexes est si stricte chez les chasseurs-cueilleurs, pourquoi il est plus probable que des denrées comme les huîtres aient été récoltées par des femmes, et pourquoi il est plus probable qu'une femme ait mangé la première.

Madame Huître était une *Homo sapiens*, ce qui signifie que si elle s'asseyait à côté de vous dans le bus aujourd'hui vous ne paniqueriez pas au premier coup d'œil. Sa stature, son corps, son visage et ses cheveux vous sembleraient ordinaires. Son crâne, sa mâchoire, ses dents, son bassin, ses pieds et ses mains étaient de la même taille que les nôtres. Elle était plus petite que les normes actuelles, mais sa posture et sa démarche étaient totalement modernes. Sa peau était imberbe et mate pour mieux la protéger du soleil africain. Ses cheveux étaient foncés, courts et frisés.

En revanche, ses vêtements sortiraient quelque peu de l'ordinaire. Elle ne portait probablement aucun vêtement, ou du moins rien qu'on ne considérerait comme tel. La couture était encore inconnue. Les aiguilles à coudre en os ne sont apparues que 100 000 ans plus tard, et les chercheurs pensent désormais que la première utilisation de vêtements et chaussures n'est arrivée qu'étonnamment tard dans notre évolution. D'après l'anthropologue Erik Trinkaus, qui a étudié les os des orteils d'*Homo sapiens* anciens, les orteils de Madame Huître étaient considérablement plus forts que les vôtres ou les miens, probablement parce qu'elle marchait sans l'assistance de chaussures. Trinkaus pense que les os des orteils des *Homo sapiens* se sont atrophiés à force de porter des chaussures solides, ce qui expliquerait la différence notable entre nos orteils et ceux de nos ancêtres. D'après l'anthropologue, les orteils « modernes » sont apparus à peu près en même temps que l'aiguille à coudre en os, ce qui laisse supposer qu'*Homo sapiens* n'a inventé la chaussure que longtemps après le passage de Madame Huître.

À l'âge adulte, Madame Huître avait probablement des enfants, mais peut-être peu. Dans une étude portant sur les chasseurs-cueilleurs !Kung du désert du Kalahari, l'anthropologue Richard Borshay Lee a constaté que les femmes du clan laissaient s'écouler un minimum de quatre ans entre chaque enfant. Néanmoins, étant donné qu'elles n'utilisaient pas de moyen formel de contraception, l'explication de ces longues périodes d'infertilité reste incertaine. Selon l'une des hypothèses, formulée par Rose Frisch et Janet McArthur, les femmes !Kung, bien qu'en bonne santé, n'avaient tout simplement pas suffisamment de masse graisseuse pour à la fois allaiter et avoir leurs règles. Allaiter aurait donc pu, selon leur théorie, fournir à Madame Huître une forme de contraception naturelle.

Si elle avait un enfant, elle communiquait certainement avec lui et avec ses pairs – mais dans quelle mesure ? C'est là le sujet d'importants débats entre les archéologues. Richard Klein, professeur d'anthropologie à l'université de Stanford et auteur de *The Dawn of Human Culture*, est d'avis qu'il n'existait pas de langage moderne à l'ère de Madame Huître, et justifie cela par l'absence de traces de culture ou de technologie sophistiquées dans leurs campements. Il estime que l'origine d'un langage moderne se trouve longtemps après Madame Huître – il y a environ 45 000 ans –, lorsque les campements d'*Homo sapiens* montrent une explosion d'objets culturels anciens. Les sites de cette époque abritent des preuves incontestables de comportements modernes ayant trait à l'art, la musique et la croyance dans le surnaturel.

Curtis Marean, de son côté, pense que Madame Huître rêvait, riait et communiquait de façon fluide et détaillée. « Les langages parlés à cette époque étaient aussi riches que le nôtre », m'a-t-il écrit. Pour preuve, Marean mentionne les coquillages décorés et les pigments naturels de peinture qu'il a découverts dans les grottes de Pinnacle Point, en Afrique du Sud, qui constituent des exemples du genre de pensée symbolique que les archéologues recherchent pour pouvoir déterminer la modernité cognitive d'une culture ancienne. Marean est également convaincu que, compte tenu de la complexité de certains des outils que Madame Huître fabriquait, il lui aurait été impossible de transmettre et d'enseigner ses techniques sans l'aide du langage.

Jusqu'à récemment, l'opinion de Curtis Marean était minoritaire et la plupart des archéologues donnaient raison à Richard Klein. Ils s'accordaient à dire que Madame Huître et ses contemporains différaient considérablement de l'*Homo sapiens* moderne sur le plan cognitif. Aujourd'hui, avec la découverte d'objets anciens dans les grottes de Pinnacle Point et d'autres exemples anciens de symbolisme, les spécialistes sont beaucoup plus divisés sur la manière dont Madame Huître voyait son monde et sur ce qu'il se passait lorsqu'elle parlait.

Elle était très certainement capable de communiquer, mais on ignore encore dans quelle mesure. Il ne fait en revanche aucun doute qu'elle et ses contemporains étaient loin des innovations technologiques de taille de l'*Homo sapiens* ultérieur. Rien n'indique par exemple qu'ils utilisaient des cannes à pêche, des filets ou des bateaux, ce qui explique pourquoi les campements d'*Homo sapiens* de leur époque se trouvaient rarement le long du littoral. Pour Madame Huître, l'océan représentait un désert alimentaire, et par conséquent, vivre sur une plage aurait inutilement réduit de moitié sa zone de cueillette. D'après Curtis Marean, cela explique pourquoi, au cours des époques précédant celle de Madame Huître, on ne trouve pas d'indices que les Homininés puisaient de la nourriture dans la mer ni de traces de coquillages. Pour l'expert, les marées en sont l'une des raisons principales. Les huîtres ne sont visibles que lorsque la marée est à son niveau le plus bas, ce qui signifie qu'elles étaient inaccessibles 95 % du temps. Cette rareté et cette imprédictibilité expliquent probablement pourquoi les premiers Homininés ne les ramassaient pas. D'après Marean, « les chasseurs-cueilleurs ne fondent jamais un système de subsistance sur des méthodes de cueillette qu'ils ne comprennent pas ou qu'ils ne peuvent pas planifier. »

Les grottes de Pinnacle Point abritent d'épais dépôts de coquilles d'huîtres. De toute évidence, les huîtres étaient devenues une denrée de base de leur régime alimentaire, peut-être parce que Madame Huître a découvert le signe annonçant leur apparition.

Lorsqu'elle a dégusté sa première huître, Madame Huître s'était probablement aventurée vers l'océan à la recherche d'autre chose – une tortue endormie, ses œufs, ou peut-être une baleine échouée ou une otarie assoupie. Parmi les objets découverts dans les grottes, les archéologues ont trouvé un type de bernacles bien précis appelé *Coronula diadema*, vivant exclusivement sur la peau des baleines à bosse – une trouvaille bien étrange dans une grotte située à cinq kilomètres de l'océan. On peut imaginer qu'un jour, lors de l'une de ses excursions, Madame Huître est arrivée par hasard lorsque la marée était très basse, et est tombée sur quelques huîtres visibles. Elle en a alors ouvert une et gouté sa chair.

Avec tout le respect que l'on doit à Jonathan Swift, l'entreprise n'était peut-être pas aussi courageuse qu'elle en a l'air.

D'autres animaux, dont les babouins modernes, mangent des huîtres, et si Madame Huître les avait vu faire, elle aurait pu en conclure qu'elles étaient comestibles. Mais les babouins mangent également des fleurs et de l'écorce, et une cueilleuse expérimentée telle que Madame Huître aurait réfléchi à deux fois avant d'imiter le régime alimentaire d'autres animaux. Suivre l'exemple des autres peut parfois tourner au vinaigre. Si elle avait, par exemple, observé un lapin manger des baies de la plante *Atropa belladona* et l'avait imité, elle serait morte en moins de vingt-quatre heures.

Cela étant, si elle avait vu un autre animal manger une huître, cela aurait pu lui donner le courage nécessaire. Cuire son huître lui en aurait donné encore plus. Les aliments cuits sont moins dangereux que les aliments crus, et l'huître gluante et difforme lui aurait certainement inspiré une certaine prudence.

Mais le génie de Madame Huître n'était pas son audace culinaire. Compte tenu de la grande quantité de coquilles d'huîtres trouvées dans les grottes de Pinnacle Point, Curtis Marean pense que Madame Huître savait quand partir pour l'océan.

Autrement dit, elle a appris à anticiper les marées.

Les marées les plus basses de la pointe sud de la côte africaine ont lieu quelques heures pendant quelques jours chaque mois. Mais en plus d'être peu fréquentes, elles sont irrégulières. Le niveau et les horaires des marées basses et hautes varient considérablement au cours du cycle. De plus, la différence entre marée basse et marée haute est parfois légère, d'autres fois plus grande, et la raison est restée un mystère pour les Homininés pendant des milliers d'années. On comprend pourquoi. L'explication du comportement changeant des marées se trouve ailleurs, dans une source improbable et en apparence sans rapport : le ciel nocturne.

Les marées des océans sont dues en grande partie à la force gravitationnelle du Soleil et de la Lune. Lorsqu'ils sont alignés – soit du même côté de la planète, soit de part et d'autre –, ils attirent le centre de la Terre et créent une marée qui est à la fois très haute et très basse. Heureusement pour Madame Huître, cet événement, qui peut paraître aléatoire, est annoncé par l'apparition d'une pleine lune ou d'une nouvelle lune. Ce qui signifie que Madame Huître n'était pas qu'une gastronome aventureuse. C'était aussi une observatrice d'étoiles.

Le lien entre le mouvement de l'océan et les diverses formes d'un mystérieux objet blanc dans le ciel nocturne est si peu évident que beaucoup de gens peinent encore à le voir de nos jours. Madame Huître, en revanche, l'a vu. Et ce faisant, elle a peut-être été la première astronome de terrain. Une fois capable de prédire les marées, Madame Huître pouvait programmer en toute confiance ses excursions vers l'océan, et les indices provenant des grottes laissent à penser que les huîtres étaient devenues un élément récurrent de son alimentation.

Si sa découverte du lien entre la Lune et les marées a été célébrée, Madame Huître n'a certainement pas eu beaucoup de temps pour jouir de sa renommée. Selon les tables de mortalité contemporaines, elle approchait déjà de la fin de sa vie vers la vingtaine. D'après une analyse de l'usure dentaire réalisée par Rachel Caspari, anthropologue de l'université de Central Michigan, deux tiers des *Homo sapiens* de cette époque qui vivaient au-delà de l'enfance mouraient entre vingt et trente ans, et peu survivaient au-delà de trente-cinq ans. S'il est impossible de connaître la cause exacte de sa mort, on peut en écarter plusieurs avec certitude. La quasi-totalité des principales causes de décès de notre époque était inconnue à la préhistoire, soit parce qu'il s'agit essentiellement de maladies de vieillesse (cancer, maladies cardiaques, accident vasculaire cérébral), soit parce qu'il s'agit de maladies nécessitant de larges concentrations de populations pour se propager (choléra, typhoïde, grippe). Aucune de ces circonstances n'existait à l'époque de Madame Huître.

Les causes bien plus probables de décès étaient l'accouchement, le paludisme, l'accident, l'homicide ou l'infection bactérienne. Elle a peut-être été attaquée par un prédateur pendant qu'elle cherchait de la nourriture. Ou bien une de ses expériences culinaires lui aura coûté la vie.

À sa mort, elle a peut-être été enterrée par les siens. Le but de ses funérailles était-il d'honorer sa mémoire ou d'éloigner les charognards ? Là aussi, la question divise les spécialistes. Les archéologues ont découvert des corps enterrés plus anciens que

Madame Huître, mais les tombes ne contiennent aucune offrande ni aucun signe de soins, qui sont par la suite devenus universels dans toutes les cultures.

Les premières traces d'inhumation rituelle proviennent d'une tombe en Israël, où les archéologues ont exhumé le squelette d'un homme sur le torse duquel était posée la mâchoire d'un sanglier, datée de 60 000 ans après Madame Huître. Par conséquent, il est impossible de savoir si Madame Huître, un génie scientifique préhistorique ayant contribué à résoudre l'un des plus grands problèmes de son temps, a eu droit à des funérailles. Le cas échéant, espérons qu'une coquille d'huître ait été déposée sur sa poitrine. Idéalement, une coquille en forme de croissant de lune.

Qui a inventé le vêtement ?

Si l'existence de notre espèce sur Terre était condensée en une journée, ceci se serait produit à 14 h 34.

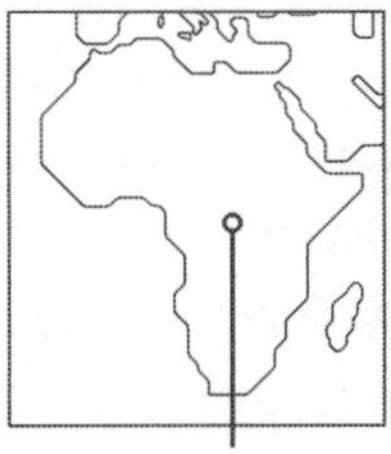

Premier vêtement
Quelque part en Afrique, il y a 107 000 ans

Quand nos ancêtres ont quitté la lignée des chimpanzés et des bonobos, ils n'hébergeaient dans leur fourrure qu'une seule sorte de parasite suceur de sang : *Pediculus humanus capitis*, aussi connu sous le nom de pou de tête. Il vit sur les Homininés depuis au moins six millions d'années et vit encore sur notre tête de nos jours. Mais le pou de tête n'est pas la seule espèce de poux que nous accueillons. Au cours des six derniers millions d'années, nous avons offert l'hospitalité à deux espèces supplémentaires de parasites suceurs de sang : le pou du pubis (ou morpion) et le pou de corps.

Nous avons attrapé le pou du pubis il y a environ trois millions d'années, quand l'un de nos ancêtres a dormi au même endroit qu'un gorille (quoique probablement pas en même temps). Un peu plus tard, le pou de corps, qui s'accroche aux vêtements plutôt qu'aux cheveux, a fait son apparition. Résultat : nous hébergeons aujourd'hui trois fois plus d'espèces de poux que n'importe quel autre primate.

Ce chapitre embarrassant de notre évolution a toutefois un bon côté. Grâce à ces parasites, des biologistes ont pu répondre à une question qui paraissait impossible : quand, où et pourquoi avons-nous commencé à porter des vêtements ?

Le vêtement est fait de matières organiques, ce qui signifie que, contrairement à la pierre ou à l'os, il ne laisse pas de traces fossiles. Son origine est donc longtemps restée une question sans réponse. Jusqu'à récemment, de nombreux archéologues pensaient que les Homininés avaient perdu leur fourrure après l'invention du vêtement, qui l'aurait ainsi rendue superflue. Les habits étant, d'une certaine manière, une sorte de fourrure amovible, les spécialistes pensaient que les Homininés avaient un jour délaissé la chaleur permanente et opté pour la chaleur à la demande. C'était une théorie raisonnable, et pourtant les généticiens ont récemment découvert qu'elle était on ne peut plus erronée.

En 2002, David Reed, conservateur associé des mammifères au Florida Museum of Natural History, a analysé l'ADN du pou de tête et du pou de corps, et découvert qu'ils ne divergeaient pas simultanément d'un ancêtre commun. En réalité, le pou de corps a évolué directement du pou de tête. Selon toute vraisemblance, écrit-il, cela s'est produit lorsque les *Homo sapiens* ont porté pour la première fois des vêtements et ainsi accidentellement fourni un nouvel habitat au pou de tête. Quand Reed a daté la scission, il est arrivé à une conclusion stupéfiante : nos ancêtres ont passé un temps phénoménal nus.

D'après David Reed, la première personne à avoir porté des vêtements vivait il y a environ 107 000 ans. Pourtant, le généticien Alan Rogers a déterminé que la couleur de la peau des Homininés était passée du rose pâle, comme les chimpanzés, à une teinte plus foncée les protégeant des UV il y a 1,2 million d'années – donnant à penser qu'à cette époque, la pilosité corporelle des Homininés s'était suffisamment raréfiée pour les laisser dans le plus simple appareil.

Dans ce cas, comment ont-ils survécu si longtemps sans fourrure ni vêtements ? Et, plus important encore, qui a mis fin à plus d'un million d'années de nudité ?

Je l'appellerai Ralph, en référence à Ralph Lauren, car les indices portent à croire que lorsque notre Ralph a donné vie à son invention, il était davantage intéressé par la mode que par l'aspect fonctionnel de la chose. (Et c'est un homme, car j'ai tiré à pile ou face.)

Ralph était un *Homo sapiens* moderne, né il y a environ 107 000 ans en Afrique, peut-être en Afrique du Sud. De nombreux chercheurs affirment que si Ralph pouvait voyager dans le temps jusqu'à notre époque, nous pourrions apprendre sa langue, et lui, la nôtre. Ils pensent qu'il avait un esprit moderne, avec une capacité totale à la pensée symbolique, et qu'il était indifférenciable d'une personne moderne sur le plan cognitif. S'il était né dans le monde d'aujourd'hui, il pourrait tout à fait devenir un excellent banquier, serveur ou avocat.

Ralph est considéré comme un *Homo sapiens* moderne en termes d'apparence, mais son visage était néanmoins assez inhabituel. J'ai demandé à l'archéologue Steven Churchill de l'université Duke si Ralph aurait attiré les regards en marchant dans la rue à notre époque, et il m'a répondu que Ralph avait un « visage en quelque sorte plus masculin » que celui d'un homme moderne. La différence principale, m'a-t-il expliqué, était une arcade sourcilière bien plus proéminente que la nôtre. La taille de l'os frontal varie aujourd'hui d'une personne à l'autre, mais même les arcades modernes les plus larges arrêtent leur saillie au-dessus du nez. L'arcade sourcilière de Ralph était bien plus proéminente, et étalée sur toute la largeur de son visage. Les endocrinologues pensent que ce trait sévère résultait d'une dose de testostérone plus importante que celle que reçoivent les humains modernes ; l'arcade sourcilière est donc interprétée comme un signe d'agressivité. D'après de récentes études, ces protubérances n'auraient disparu qu'il y a environ 8 000 ans, lorsque nos ancêtres ont commencé à attacher plus d'importance aux mouvements des sourcils (et ainsi à la capacité à exprimer des humeurs dynamiques) qu'à une expression de contrariété permanente. Le regard de Ralph était sévère et intimidant, me confirme Steven Churchill. « Mais à part cela, rien ne permettrait de le différencier des individus modernes. »

Au moment de sa grande invention, Ralph était certainement un membre âgé et influent de son groupe. Il passait ses journées à chasser avec des lances, des propulseurs et des lance-pierres, même s'il atteignait rarement sa cible. Il maniait des outils en pierre sophistiqués, tels que des grattoirs à peau, des hachettes et des pointes de lance, mais il manipulait aussi des matières organiques, comme les plantes grimpantes, qu'il utilisait pour faire de la corde et des peaux d'animaux qui lui servaient de draps. Il combattait d'autres groupes d'*Homo sapiens* et d'autres Homininés archaïques pour des ressources ou de la nourriture, ou peut-être simplement par peur.

S'il parvenait à tuer un phacochère ou une biche, il partageait d'abord la viande avec sa famille, puis avec le reste de son groupe. Les jours où tout le monde revenait de la chasse bredouille, il mangeait des tubercules et des racines, probablement en râlant. Il passait ses soirées à papoter au coin du feu et ses nuits à raconter des histoires sur les étoiles. Il souriait, riait et jouait avec ses enfants.

Et il avait beau faire cela tout nu, il n'avait pas froid.

Le froid est un défi pour les *Homo sapiens*, car nos réactions physiologiques (à savoir frissonner et rediriger l'approvisionnement en sang) sont, pour reprendre les mots de l'archéologue Ian Gilligan, « apathiques et inefficaces », ce qui explique bien entendu pourquoi la plupart des mammifères sont dotés d'une fourrure. Le lapin, par exemple, peut supporter des températures chutant jusqu'à – 10 °C. Mais si on lui ôte sa fourrure, ce nombre grimpe à 0 °C. Voilà pourquoi ce million d'années entre la perte de la fourrure et l'utilisation de vêtements est si étonnant. D'autres mammifères terrestres en grande partie dénudés vivent sous terre ou, comme l'éléphant, possèdent un faible rapport surface/volume qui les maintient au chaud. Aucun autre primate n'a aussi peu de fourrure que nous. Comment l'*Homo sapiens* à sang chaud et sans vêtements a-t-il pu survivre sans fourrure ? La réponse est identique à la raison pour laquelle les Homininés ont perdu leur fourrure : le feu.

Les Homininés ont survécu pendant un million d'années sans vêtements ni fourrure en allumant des feux. Avec le feu en poche, les vêtements deviennent étonnamment inutiles dans tous les environnements, à l'exception des plus froids, comme le prouvent des observations ethnographiques de quelques cultures de chasseurs-cueilleurs.

Lorsque l'explorateur portugais Ferdinand Magellan a navigué pour la première fois le long de la côte australe de l'Amérique du Sud, où les montagnes sont couvertes de neige toute l'année et où les glaciers glissent dans la mer, ses marins ont découvert que les individus des tribus Yagan et Alaculef vivaient confortablement sans vêtements. Pour rester au chaud, ils s'enduisaient de graisse animale et allumaient de nombreux feux de camp – à tel point que les matelots ont baptisé l'endroit *Tierra del Fuego* (« la Terre de

Feu »). Ce n'est pas comme si l'idée de vêtements n'avait jamais traversé l'esprit de ces tribus. Ils faisaient régulièrement la guerre avec leurs voisins habillés, le peuple Ona. Mais ils ne voyaient visiblement pas la nécessité de porter des vêtements. Le constat est le même chez les aborigènes de Tasmanie, qui faisaient eux aussi peu de cas des vêtements, en dépit du climat dans lequel ils vivaient, encore plus froid que celui de Ralph.

Le vêtement ne fait pas partie de ce que les anthropologues appellent un « universel humain ». On ne le retrouve pas dans toutes les cultures, contrairement au contrôle du feu. En revanche, la décoration corporelle – peinture, tatouages, boucles d'oreilles ou modifications du corps – en fait partie. Les membres de toutes les cultures humaines jamais observées, des tribus isolées de Papouasie-Nouvelle-Guinée aux banquiers de Wall Street, ornent d'une manière ou d'une autre leurs corps de décorations. Et en raison de cette omniprésence, les anthropologues supposent que les humains modernes partagent cette particularité avec toutes les cultures d'*Homo sapiens*. Les Yagans ne voyaient pas d'utilité dans le vêtement, mais ils portaient des capes, des bracelets et des colliers élaborés, et peignaient leurs visages et leurs corps. L'individualisation, d'après les anthropologues, est un besoin humain aussi élémentaire que la nourriture et la sécurité.

Cette vérité profondément humaine laisse à penser que l'inspiration de Ralph ne provenait pas d'un besoin de chaleur et n'avait certainement rien à voir avec les idéaux occidentaux modernes de pudeur. En réalité, elle provenait de la même source de désirs humains qui ont donné vie au collier, au tatouage et à la boucle d'oreille. Autrement dit, le premier vêtement pensé par Ralph était une pièce de mode.

L'orgueil est un puissant moteur d'innovation technologique, et Ralph est loin d'être le seul à avoir inventé quelque chose dont l'objectif initial n'était rien d'autre que de flatter le sien. Les anthropologues appellent ce type d'inventions des « technologies de prestige », car leur fonction première est essentiellement de conférer un statut à leur porteur. Beaucoup des plus grandes inventions de l'humanité, y compris les métaux, la poterie et les tissus, étaient à l'origine des pièces difficiles à produire qui offraient peu d'avantages pratiques par rapport à d'autres alternatives. Elles étaient pourtant en demande, car la difficulté de création entraînait la rareté du produit et donc sa valeur. Ce n'est que plus tard, grâce à des améliorations de fabrication, que des produits comme le cuivre ou le bronze ont gagné une utilité pratique. Il en a peut-être été de même avec Ralph et son vêtement.

L'invention de Ralph a peut-être commencé par quelque chose d'aussi peu pratique qu'une cravate, mais elle répondait à un besoin humain profond, et, au fil du temps, elle est devenue un équipement crucial que les *Homo sapiens* ultérieurs ont utilisé pour survivre au froid extrême des latitudes septentrionales. Quand les *Homo sapiens* se sont aventurés en Europe il y a 50 000 ans, ils portaient certainement des fourrures et des vestes doublées hautement sophistiquées. Les os trouvés sur leurs sites archéologiques indiquent qu'ils préféraient chasser le glouton, un animal fournissant peu de viande, mais dont les peaux étaient prisées pour leur isolation thermique. La plus ancienne image que les archéologues ont trouvée d'un vêtement est une sculpture vieille de 24 000 ans d'une personne portant une parka à capuche hautement fonctionnelle.

Mais la fonctionnalité est arrivée tard dans l'invention du vêtement. La pièce créée par Ralph était probablement plus proche du nœud papillon que de la chemise. Peut-être avait-il besoin de quelque chose pour partir en guerre, lorsque les *Homo sapiens* cherchaient à être aussi intimidants que possible face à l'adversaire.

Ou peut-être dirigeait-il un rite initiatique ou une cérémonie et devait-il se démarquer. Son habit était peut-être aussi simple que la cape que portaient de temps à autre les Yagans. Ou bien était-il encore moins fonctionnel que cela et plus extravagant ? Les archives archéologiques débordent d'exemples de vêtements humains terriblement peu pratiques – notamment des perruques, des nœuds papillon et des boucliers phalliques. Ce serait donc de la folie d'essayer de deviner ce que Ralph a inventé.

Ce que l'on sait, c'est que son invention a fini par devenir tendance. Parfois même essentielle. Et le parasite installé sur les têtes humaines a remarqué cette nouvelle couche de fourrure amovible. Quelques poux de tête se sont aventurés dans ces nouvelles fibres dans l'espoir de retourner sur leur ancien habitat, où ils prospèrent depuis.

Qui a tiré la première flèche ?

Si l'existence de notre espèce sur Terre était condensée en une journée, ceci se serait produit à 18 h 48.

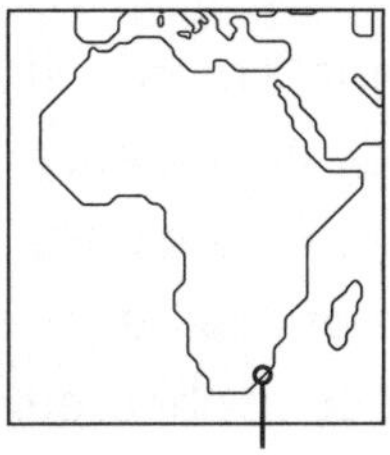

L'invention de l'arc, il y a 64 000 ans

Il y a 40 000 ans, dans les monts Zagros, au nord-est de l'Irak actuel, un vieux Néandertalien boitillait sur ses pieds arthritiques près de la grotte de Shanidar, lorsqu'un assaillant inconnu lui asséna un coup fatal. Un petit projectile en pierre transperça sa poitrine, lui perfora la neuvième côte et s'arrêta juste avant son poumon. Quand les archéologues ont découvert son squelette enterré dans une grotte, ils ont constaté une cicatrisation sur l'os permettant de croire qu'il avait survécu à ce coup. Mais la blessure a dû abîmer ses poumons ou s'infecter, car l'analyse du squelette a révélé que, quelques semaines plus tard, il était mort.

Qu'un squelette néandertalien présente des signes de traumatisme n'a rien de particulièrement exceptionnel. Les hommes de Neandertal chassaient les grands mammifères de la période glaciaire, et la lance était leur arme de prédilection. Les accidents étaient inévitables. D'après une étude, pas moins de 80 % des squelettes néandertaliens montrent des signes de traumatisme grave.

Mais cette blessure était différente. Les archéologues qui ont exhumé le squelette (qu'ils ont baptisé Shanidar III) ont remarqué que le sillon dans sa côte était d'une précision quasi chirurgicale, écartant ainsi la thèse d'une chute ou d'une perforation par une défense de mammouth comme cause du décès. Pour les archéologues, il avait vraisemblablement été tué par une lame ou une lance.

La blessure exceptionnellement délicate éveilla toutefois les soupçons d'un groupe de chercheurs de l'université Duke. Les lances et les couteaux fournissent une énorme énergie cinétique et les marques qu'ils laissent sur les os sont généralement irrégulières. La blessure de ce malheureux Néandertalien était en revanche propre et précise. Afin de déterminer si un couteau ou une lance en pierre avait pu infliger une telle blessure, les chercheurs ont utilisé des carcasses de cochons qu'ils ont poignardées, percées et incisées à l'aide d'armes en pierre. Mais peu importe l'angle ou la puissance de leurs attaques, ils n'ont jamais réussi à reproduire la trajectoire ou la précision de la blessure mortelle de Shanidar III. Le coup, ont-ils conclu, a été infligé par une arme « de faible masse et de faible énergie cinétique », en suivant une trajectoire balistique, indiquant que cet homme de Neandertal n'est pas mort d'un coup de couteau, de lance, ou des suites d'une chute, mais qu'il est la plus ancienne victime d'un arc et d'une flèche jamais découverte par les archéologues.

Shanidar III était peut-être un Néandertalien, mais ce n'est pas un Néandertalien qui l'a tué. Il n'existe aucun indice permettant de conclure que les Néandertaliens ont fabriqué ou utilisé des armes à projectile – peut-être parce qu'il leur manquait l'intelligence nécessaire, ou bien parce qu'un arc n'aurait pas été d'une grande utilité face aux grosses proies qu'ils chassaient. Quelle que soit la raison, une seule espèce est capable d'infliger une blessure de ce genre : la nôtre, *Homo sapiens*.

L'arme utilisée par le meurtrier était un système composé de plusieurs éléments de conception ingénieuse et de fabrication soigneuse. C'était un nouveau genre de catapulte en bois, avec une corde en tendon animal permettant de tirer une flèche légère, parfaitement droite, au bout de laquelle était fixée une pierre de la taille d'un ongle. Contrairement à la lance, qui immobilise sa cible en broyant muscles et os, la flèche transperce sa victime pour atteindre les organes et les artères. Si la lance restait l'arme de prédilection contre des animaux puissants, l'arc était la meilleure arme contre des cibles plus petites – y compris humaines –, jusqu'à l'invention de la poudre à canon au IXe siècle.

L'arc est aussi bien plus complexe que la lance. Si la lance peut être bancale et rester létale, l'arc, lui, doit être parfait. Celui qui a eu raison de Shanidar III était certainement en bois dur et conçu avec soin. Toute imperfection aurait entraîné une flexion inconsistante, le rendant fragile ou inutile. La corde, sûrement faite de tendons séchés, devait supporter une tension énorme tout en restant fine et lisse.

Et si la technique de fabrication d'un arc était complexe, celle de la corde l'était encore plus. Une flèche, même tirée avec un arc préhistorique, est propulsée avec une force de plus de vingt kilos et peut atteindre une vitesse de cent-soixante kilomètres par heure. Si la flèche est trop raide ou trop souple, elle n'oscillera pas correctement, mais elle doit aussi respecter un angle précis pour pouvoir voler. Toute déviation supérieure à 0,15 centimètre du centre suffit à détourner la flèche de sa trajectoire en vol.

La pointe doit être petite, pour ne pas perturber l'équilibre de la flèche, mais taillée avec finesse, pour pénétrer la peau et les os. Pour attacher la petite pointe en pierre à la tige en bois, notre archer des anciens temps préparait une sorte de super glu préhistorique en faisant fondre puis durcir de la sève d'arbre.

L'archer devait aussi être très expérimenté. Un angle mal calculé, une mauvaise visée ou une inspiration inopportune et, au lieu d'un coup fatal furtif, la flèche visant Shanidar III aurait signalé la position de l'archer.

Celui qui a tué Shanidar III a réussi son coup grâce à un système d'ingénierie d'une perfection qui semble trop avancée pour l'époque – ce qui indique que l'assassin de Shanidar III n'en était pas l'inventeur. Le premier arc, comme toutes les inventions, devait être rudimentaire. Il était certainement léger, imprécis et de faible puissance. Et, comme son invention, l'inventeur était probablement assez petit.

Appelons-le Archie.

Archie vivait il y a environ 64 000 ans, peut-être dans l'est de l'Afrique du Sud, dans la grotte de Sibudu, tout près de la ville moderne de Durban. C'est là que Marlize Lombard, professeure d'archéologie à l'université de Johannesbourg, a récemment découvert des pointes de flèches en pierre vieilles de 64 000 ans – la plus ancienne preuve d'utilisation d'un arc et de flèches jamais trouvée.

Archie appartenait à une culture préhistorique que les archéologues appellent le Howiesons Poort, et vivait au sein d'un groupe de chasseurs-cueilleurs de la côte sud-africaine ayant créé certaines des plus anciennes œuvres d'art symbolique jamais découvertes : des perles, des colliers de coquillages et de petites sculptures.

Archie était un *Homo sapiens* moderne. S'il enfilait des habits modernes, il pourrait se mêler à d'autres étudiants dans une classe contemporaine sans se faire remarquer. Il parlait un langage complet que nous pourrions apprendre à comprendre, de la même manière qu'il pourrait apprendre les mots sur cette page.

Sa peau était foncée et ses cheveux frisés. Il portait des peaux d'animaux légères, tant en guise de décoration que pour se tenir chaud, mais probablement pas de chaussures.

Son régime alimentaire était un mélange de tubercules et de viande – principalement celle de petits animaux attrapés dans de petits pièges, et parfois celle de plus grosses proies, comme le bison. Il faisait de l'art. La grotte de Sibudu regorge d'ocre rouge qu'Archie réduisait en poudre et mélangeait à de l'eau pour faire de la peinture. Aucune peinture rupestre de cette époque n'a jamais été découverte, mais l'ocre rouge présente peu d'utilité à part la peinture. S'il ne peignait pas sur les murs, il décorait peut-être son corps.

Il perçait des trous dans les coquillages et les perles, probablement pour en faire des colliers ou pour les attacher à des bâtons. Ces simples objets d'art, utilisés comme ornements ou peut-être comme jouets, pourraient répondre à l'une des questions les plus déconcertantes de l'archéologie : comment quelqu'un a-t-il eu l'idée de l'arc ?

Le mystère de l'invention de l'arc provient de son originalité. Presque toutes les premières inventions des Homininés trouvent un écho dans la nature, et leurs inventeurs ont imité ce qu'ils voyaient. Un rondin qui roule a inspiré la roue ; un rondin flottant a inspiré les bateaux ; les bâtons sont devenus des lances ; les cordes sont issues des plantes grimpantes ; les pierres ont donné les bifaces ; les oiseaux ont inspiré les avions. La nature fournit souvent l'idée, et les humains fournissent l'ingénierie.

Ce n'est absolument pas le cas de l'arc et des flèches. Stocker l'énergie dans la flexion du bois pour lancer un projectile n'a pas d'équivalent dans la nature. C'est une invention purement humaine – ce qui signifie qu'elle a sûrement commencé comme beaucoup des inventions les plus créatives de l'*Homo sapiens* : par accident.

Miriam Haidle, professeure de paléoanthropologie à l'université de Tübingen en Allemagne, est une experte renommée des arcs du Howiesons Poort. « À mon avis, l'arc a été inventé par quelqu'un qui essayait de faire quelque chose d'autre », dit-elle.

Elle n'est pas la seule de cet avis. De nombreux spécialistes ont conclu que l'arc était tout simplement trop innovant et trop ingénieux pour être né d'une réflexion profonde ou d'un moment d'inspiration.

J'ai demandé à Miriam Haidle comment elle pensait que l'arc avait été inventé : compte tenu de l'existence de bâtons, de tendons et de perles dans la période du Howiesons Poort, elle se demande si quelqu'un comme Archie, en essayant d'attacher des perles à un bâton, aurait pu attacher les deux extrémités du bâton et serait ainsi plausiblement arrivé à un proto-arc. Celui-ci aurait été totalement inefficace en tant qu'arme, mais la flexion naturelle aurait été une nouveauté. Archie a peut-être joué avec la tension du système, en tirant et en faisant claquer sa création avec un certain plaisir. Et si Archie utilisait le tendon claquant pour lancer des perles, des coquillages et des bâtons, cet « arc » aurait été d'une modernité fascinante, même s'il n'apportait aucune valeur pratique.

Pour passer de l'article fascinant mais inutile à l'arme sophistiquée capable de tuer Shanidar III, de nombreux perfectionnements et améliorations auront dû être apportés à l'arc-lanceur-de-perles d'Archie : choix du bois idéal, façonnage, taille et fixation des pointes, et séchage de la corde, tout a dû être peaufiné. Toutes ces innovations, petites mais essentielles, se sont étalées sur d'innombrables générations. Alors comment expliquer que l'arc soit resté assez longtemps dans la culture pour subir toutes ces améliorations ?

La raison est peut-être simple : Archie était un enfant. Sûrement un jeune garçon, car diverses études indiquent que les jeunes primates de sexe masculin, des *Homo sapiens* aux Vervets bleus, préfèrent les jouets à projectiles. Et tout porte à croire que les premiers arcs étaient des objets de divertissement nouveaux et peu pratiques. En d'autres termes, le premier arc était un jouet.

Les archéologues sont réticents à parler de « jouets » pour désigner des objets trouvés sur des sites anciens. Comme l'a écrit Patrick Roberts, du Max Planck Institute for the Science of Human History : « On ne trouve les premières preuves solides de l'existence de jouets que dans les périodes urbaines d'Égypte et de Mésopotamie, en 3000 avant Jésus-Christ » – autrement dit, après l'invention de l'écriture, quand les jouets peuvent être spécifiquement décrits comme tels par leurs utilisateurs. Avant l'écriture, il est difficile pour les archéologues de différencier les poupées des idoles.

Mais tous les enfants jouent. Ce n'est pas qu'un universel humain, c'est un universel des vertébrés. Stuart Brown, fondateur du National Institute for Play, a consacré la majeure partie de sa carrière à étudier le rôle du jeu dans la santé mentale des humains et des animaux. Quand je lui ai demandé si les enfants des anciens temps jouaient, il m'a répondu que très peu de cultures étudiées ne s'adonnaient pas à des activités ludiques, et a ajouté : « Il n'y a aucune raison de penser que les cultures antérieures à l'avènement de l'écriture étaient différentes et, à vrai dire, certains indices laissent penser qu'elles jouaient encore plus. »

L'image que l'on se fait généralement des chasseurs-cueilleurs est celle d'un peuple qui vivait tant bien que mal une piètre existence, difficile et brutale. Pourtant, les preuves permettent de croire que les chasseurs-cueilleurs, même ceux qui vivaient dans des environnements arides, jouissaient de plus de temps libre que les agriculteurs et les gardiens de troupeaux. Le rôle du temps libre, des loisirs et des jeux était aussi important dans la période du Howiesons Poort qu'aujourd'hui.

On peut donc supposer qu'un enfant comme Archie jouait de la même manière que les enfants du monde entier à notre époque. Et lorsque j'ai demandé à Scott Eberle, ancien rédacteur du *American Journal of Play*, s'il était inhabituel qu'un jouet soit à l'origine d'une arme, il m'a expliqué que cette évolution était courante. Les boomerangs, les robots ou encore les fusées ont commencé sous forme de jouets, m'a-t-il affirmé, avant que des améliorations dans leur fabrication les rendent efficaces sur le champ de bataille. « À mon avis, l'inspiration derrière la conception d'armes est très proche de l'impulsion de jouer », m'a expliqué Scott Eberle.

Les psychologues pour enfants et les entreprises de jouets qui les embauchent utilisent le terme « modèles de jeu » pour décrire les activités non dirigées des enfants. La liste de ces activités n'est pas bien longue, mais en haut de celle-ci se trouve l'une des plus fondamentales : « lancer et jeter », qui semble procurer une joie visiblement universelle. Les petits garçons !Kung jouent avec des arcs miniatures qui tirent des flèches miniatures. Par ailleurs, au moment de la rédaction de ce livre, six des vingt jouets les plus vendus aux États-Unis tirent des projectiles.

Les premiers arcs étaient loin d'être les machines à tuer qu'ils ont fini par devenir. La culture du Howiesons Poort utilisait probablement les arcs trouvés dans la grotte de Sibudu essentiellement pour chasser de petits animaux, m'a expliqué Miriam Haidle, comme une sorte d'antilope miniature appelée céphalophe bleu, qui ne pèse que quatre kilos et dont les os recouvrent le sol de leurs grottes.

Mais, contrairement à de nombreuses inventions anciennes, l'arc a fourni une plateforme d'amélioration quasi continue. Les *Homo sapiens* ont affiné la puissance et la précision de l'arc depuis plus de 60 000 ans, transformant l'arme qui a perforé la côte de Shanidar III en une arme qui a décimé les Français lors de la bataille d'Azincourt en 1415. Elle resta la première arme de choix jusqu'à ce qu'une autre curiosité tout aussi peu pratique – les feux d'artifice – révèle ses possibilités létales. Mais pendant près de 64 000 ans, l'arc était l'arme de guerre incontournable.

Et tout a commencé par un jouet.

Qui a peint le premier chef-d'œuvre ?

Si l'existence de notre espèce sur Terre était condensée en une journée, ceci se serait produit juste après 21 h 00.

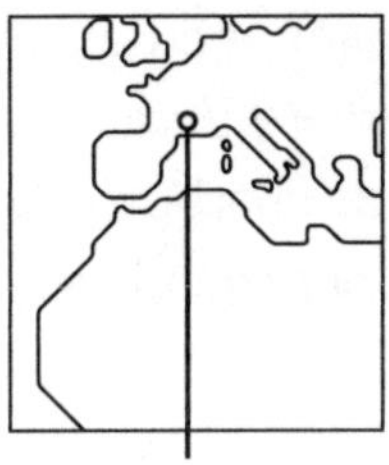

Premier chef-d'œuvre, il y a 33 000 ans

Dans une grotte du sud de la France surplombant la rivière de l'Ardèche, à portée de vue de la splendide arche naturelle du pont d'Arc, sur un mur de roche calcaire derrière une entrée désormais sécurisée par une porte en acier moderne se trouve la plus ancienne preuve concrète de génie.

Il s'agit d'une peinture. Le « panneau des chevaux », comme l'appellent les archéologues, a été réalisé par un seul artiste, avec un bout de charbon et à la lumière d'une flamme, il y a 33 000 ans, et est aujourd'hui considéré comme un exemple incontestable de génie des temps anciens.

La grotte de Chauvet abrite plus de 400 peintures créées sur quelque 5 000 ans d'occupation périodique, jusqu'à ce qu'un glissement de terrain en scelle l'entrée il y a près de 25 000 ans.

Ce n'est qu'en 1994 que la grotte aux chefs-d'œuvre est redécouverte par Jean-Marie Chauvet et un groupe de spéléologues. Peter Robinson, artiste et rédacteur pour la Bradshaw Foundation, un groupe dédié à l'étude et à la conservation de l'art rupestre à travers le monde, m'a indiqué que la qualité de l'ensemble des peintures de la grotte était si uniformément remarquable qu'il est fort probable que seuls les meilleurs peintres aient été autorisés à recouvrir ses murs.

Mais dans cette grotte peinte par de grands maîtres, le panneau des chevaux éclipse tout le reste. C'est un véritable chef-d'œuvre, réalisé par un artiste ayant vécu environ 30 000 ans avant la construction de la première pyramide, qui a travaillé rapidement avec un morceau de charbon à la lumière vacillante d'une ancienne lampe à huile pour créer la plus ancienne illustration du génie préhistorique.

Qui était cet artiste ?

Je l'appellerai Jean.

Si j'en fais un homme, c'est parce que le seul peintre que les archéologues ont identifié avec certitude dans la grotte – d'après les empreintes de main qu'il a laissées – mesurait plus de 1,80 mètre.

Jean est né il y a environ 33 000 ans dans le territoire actuel de la France, soit près de 30 000 ans avant que quiconque n'écrive un mot. Les archéologues appellent cette ère l'Aurignacien, et sa culture se caractérise par son art remarquablement sophistiqué, comprenant des perles en ivoire, des sculptures et des peintures pariétales, ainsi que quelques-uns des plus vieux instruments de musique jamais découverts.

Jean avait probablement une peau brune et des cheveux frisés foncés, et ses yeux étaient certainement marron, comme le donne à penser l'ADN récemment prélevé sur des os trouvés dans les grottes de Goyet en Belgique.

Son apparence était tout à fait moderne. À l'époque de Jean, l'arcade sourcilière proéminente caractéristique des premiers *Homo sapiens* avait disparu, et rien dans son anatomie ne le distinguerait de l'homme moderne si vous le croisiez aujourd'hui dans la rue.

Si le visage de Jean pourrait nous paraître familier, l'Europe dans laquelle il est né serait à nos yeux absolument méconnaissable. Des nappes de glace recouvraient la Scandinavie, et les glaciers des Alpes atteignaient 1 600 mètres d'épaisseur. La glace recouvrait tant d'eau de mer que Jean aurait pu marcher jusqu'en Angleterre. Pour survivre, il s'emmitouflait dans de lourdes peaux d'ours et de renne qui étaient cousues, ajustées et doublées de fourrure de glouton. Même si les chasseurs d'Europe de l'ère glaciaire sont connus pour la chasse au mammouth, les indices laissent à penser qu'ils n'en abattaient que rarement. En réalité, le menu de Jean se composait essentiellement de viande de bouquetin, un animal coriace et agile semblable à la chèvre de montagne, dont les os représentent les trois quarts des restes trouvés dans les campements de l'Aurignacien.

Jean appréciait la musique et en jouait peut-être un peu lui-même. Les plus anciens instruments de musique jamais découverts par les archéologues proviennent de sites de l'Aurignacien – notamment de petites flûtes en ivoire et os de vautour. Grâce à des répliques de ces flûtes, on sait qu'elles produisaient un son de flûte à bec et jouait cinq notes à l'octave, soit une gamme utilisée dans des morceaux modernes tels que *Stairway to Heaven* de Led Zeppelin.

Jean partageait l'Europe de l'Ouest avec des ours des cavernes, des rhinocéros, des rennes, des lions des cavernes, et bien sûr d'autres groupes d'*Homo sapiens* – même si leurs interactions devaient être sporadiques sur ce continent extrêmement peu peuplé. La ville de

Portland, dans l'Oregon, aux États-Unis, compte aujourd'hui à elle seule plus d'*Homo sapiens* que toute l'Europe à l'époque de Jean.

Comme tous les *Homo sapiens* modernes, Jean est né avec l'aptitude de dessiner. Des études réalisées auprès de jeunes enfants non exposés au dessin montrent qu'ils sont capables à la fois de dessiner des silhouettes reconnaissables sans aucune instruction et de reconnaître des dessins pour ce qu'ils représentent. Autrement dit, le dessin n'est pas une invention, mais une capacité innée.

Mais pour qu'il devienne une véritable compétence, le talent artistique de Jean a dû être reconnu et encouragé depuis son plus jeune âge. Il y a même lieu de croire que Jean a été formé. J'ai interrogé Peter Robinson sur la possibilité d'un système formel d'enseignement : pour lui, la réflexion profonde et la cohérence stylistique des peintures aurignaciennes telles que celles de la grotte Chauvet indiquent que leur exécution est certainement plus qu'une simple imitation, et que même dans cette culture ancienne, il y a pu y avoir un système établi d'apprentissage. « Les chercheurs évoquent la possibilité d'une "école d'art" préhistorique », m'a écrit Peter Robinson. Et les preuves qui jalonnent les murs de ces grottes anciennes montrent l'existence d'un système éducatif bien plus formel que ce que l'on pourrait imaginer d'une telle culture ancienne. La peinture n'était pas un passe-temps futile, du moins pas lorsqu'elle était pratiquée dans des grottes telles que Chauvet. Peter Robinson confirme : « L'art était pris très au sérieux. »

Pour ceux d'entre nous qui ont grandi avec la vision populaire des « hommes des cavernes » portant des peaux de tigre et passant leur temps à chercher leur déjeuner ou à être celui d'un prédateur, ce dévouement pour l'art de la part d'une petite culture de chasseurs-cueilleurs de l'Europe glaciaire peut sembler absurde.

Et pourtant, les preuves les plus éloquentes indiquent que cette vision n'est pas seulement fausse, elle est à l'opposé de la réalité. Il n'y a aucune raison de penser que Jean était moins susceptible d'être un génie qu'une personne née aujourd'hui, et il existe au moins quelques indices laissant supposer que l'individu moyen de son époque était plus intelligent. Par exemple, son cerveau était 10 % plus large que celui d'une personne moderne – ce qui était peut-être lié à la masse musculaire accrue des anciens *Homo sapiens* par rapport à l'individu moyen aujourd'hui, ou au fait que nos cerveaux sont devenus plus efficaces. Mais rien ne permet d'écarter la thèse selon laquelle il possédait tout simplement plus de puissance intellectuelle.

Pour survivre, Jean devait avoir une compréhension de son environnement bien plus exhaustive que la nôtre aujourd'hui. Il devait pister, chasser, construire, abattre, cuire, communiquer, sociabiliser et fabriquer des outils. Il devait savoir quelle plante soignait et quelle plante tuait. Il devait savoir où trouver de l'eau, comment lire les saisons en observant les étoiles, connaître les mouvements migratoires des animaux, leur territoire, et il devait savoir comment fabriquer tout ce qu'il possédait. Et sans l'aide de l'écriture, il devait consigner toutes ces informations dans sa mémoire.

Spéculons sur l'âge qu'avait Jean quand il a peint son panneau. Quand on parle de « génie », on pense généralement aux chefs-d'œuvre produits à un âge précoce, à l'instar de Mozart, qui a composé sa *Symphonie n° 1* à l'âge de huit ans. Mais en général, la route la plus courante est plus sinueuse, d'après une étude menée par l'économiste néerlandais Philip Hans Franses. Contrairement aux idées reçues sur la notion de génie, rares sont les peintres qui produisent le meilleur de leur œuvre avant la trentaine. En réalité, les artistes maîtres créent généralement leur plus important tableau au début de la quarantaine. Et si la Division de la population des Nations Unies estime que l'espérance de vie moyenne d'une personne de l'époque de Jean était de seulement vingt-quatre ans, il n'était pas rare qu'un individu de l'Aurignacien survivant à l'enfance atteigne l'âge de cinquante ou soixante ans.

On peut donc raisonnablement penser qu'au moment où il a peint son panneau des chevaux, Jean avait atteint l'âge mûr. Il maîtrisait alors non seulement son art, mais avait aussi acquis une certaine notoriété au sein de sa communauté, ce qui lui valut le privilège de peindre dans la grotte de Chauvet.

En pénétrant dans la grotte, Jean a dû vivre une expérience tout à fait singulière sur le plan sensoriel. Sur le spectre de la lumière, une nuit noire est plus proche du plein jour que de l'obscurité totale de la grotte – ce qui signifie qu'une fois éloigné de l'entrée, Jean était plongé dans le noir absolu. Pour voir, Jean utilisait seulement des torches de pin ou des lampes à graisse animale qui ne produisaient pas plus de lumière qu'une bougie. Il n'aura ainsi jamais pu voir sa fresque dans son ensemble. À la place, les illustrations de la grotte dansaient dans l'ombre. La lumière balayant les murs révélait et animait alors les animaux, donnant l'impression qu'ils jaillissaient de la roche elle-même.

Les sons environnants accentuaient cette aura mystérieuse. La grotte était parfois étrangement silencieuse, parfois pleine de vie, éveillée par les gouttelettes ruisselant des stalactites par saccades et résonnant dans toutes les salles.

Entre l'obscurité, la lumière vacillante, les ombres et les sons, on comprend aisément que Jean ait pu voir l'art comme une chose fondamentalement vivante et mystérieuse, et que les grottes aient été considérées comme des lieux de forces surnaturelles. Elles combinaient à la fois les fonctions de temple et de théâtre, mais ne servaient pas d'abri, comme en atteste l'absence d'ossements humains, d'artefacts ou de restes domestiques. En réalité, la grotte de Chauvet était un lieu artistique, de visite et probablement de culte. Les archéologues n'obtiendront sûrement jamais la preuve que des cérémonies religieuses ont eu lieu à Chauvet, mais une pierre placée au centre de la plus large salle sur laquelle repose un crâne d'ours ressemble en tous points à un autel.

Jean a dû commencer son panneau par un examen minutieux de sa toile : de la roche calcaire crevassée, une surface posant des défis et offrant des opportunités. Les murs étaient faits de saillies et de renfoncements, créant une surface grumeleuse et irrégulière, mais une surface qu'un peintre talentueux tel que Jean pouvait exploiter pour créer de la perspective et du mouvement. Il a dû observer les contours du mur en réfléchissant à ses sujets, qui ne seraient ni des personnes ni des lieux. Il peindrait, comme il l'avait toujours fait, les grands animaux de son monde.

C'est l'un des mystères de l'art pariétal aurignacien : pourquoi les artistes n'ont-ils presque rien peint d'autre que des animaux ? Sur plus de 400 illustrations recensées dans la grotte de Chauvet, une seule représente un humain partiellement dessiné. On ne trouve ni arbres, ni montagnes, ni paysages d'aucune sorte. Pas même une référence à l'imposante arche naturelle du pont d'Arc, pratiquement visible depuis l'entrée de la grotte. Non seulement les artistes aurignaciens ne peignaient que des animaux, mais ils ne peignaient que certaines espèces spécifiques. Jean n'a pas dessiné les animaux qu'il voyait souvent, comme le bouquetin. De la même manière que l'écureuil et le pigeon sont absents de notre art et de notre mythologie moderne, le bouquetin et le lapin sont sous-représentés dans les siens. À la place, il a dessiné les animaux puissants et redoutables de son monde : les rhinocéros, les lions, les ours des cavernes et les bisons. Il dessinait les superhéros, pas la nourriture.

Jean a préparé la roche en raclant la couche de calcite brune pour que son charbon noir contraste avec les murs blancs. Il a utilisé du charbon de pin sylvestre en guise de pinceau, qu'il tenait probablement dans sa main gauche, d'après les recherches de Norman Geschwind, neurologue d'Harvard, portant sur les artistes talentueux.

Au vu du croisement des lignes sur le panneau des chevaux, Peter Robinson pense que Jean a commencé en position accroupie pour dessiner les deux rhinocéros dont les cornes s'entrechoquent en bas à droite de la fresque. Des marques de doigts sur le mur laissent à penser qu'il passait régulièrement ses mains sur son travail pendant qu'il dessinait. Pour l'archéologue Jean Clottes, auteur de *L'Art des cavernes préhistoriques*, et l'un des premiers hommes modernes à être entré dans la grotte, les artistes tels que Jean touchaient leurs tableaux dans le but se connecter à leur esprit à mesure qu'ils peignaient. Dans le chamanisme, la communication avec le surnaturel circule dans les deux sens, et Jean Clottes pense que les artistes aurignaciens dessinaient peut-être leurs animaux en partie pour communiquer avec leur esprit.

Jean travaillait vite. Après ses rhinocéros, il a peint dans le sens des aiguilles d'une montre. D'abord le cerf, puis les deux mammouths et, tout en haut, les aurochs – l'ancêtre sauvage de la vache domestiquée. Mais au milieu de son œuvre, dans « un espace qu'il a réservé pour eux », me précise Peter Robinson, Jean a dessiné son chef-d'œuvre : ses quatre chevaux.

Il a commencé en haut à gauche et a dessiné en descendant, chaque cheval apparaissant en plein galop de droite à gauche, trois d'entre eux la bouche grande ouverte, haletant, et le quatrième en plein hennissement.

Enfin, pour la touche finale, Jean a gravé les contours de ses chevaux, comme pour les mettre encore plus en valeur. D'après la technique, la rapidité d'exécution et les couleurs des peaux – réalisées avec un mélange de charbon et d'argile –, les experts estiment que les chevaux ont été dessinés en une seule fois, l'un après l'autre en succession rapide, par un seul et même artiste.

À la vue de l'art pariétal tout aussi spectaculaire de la grotte de Lascaux, découverte en 1940 dans le sud-ouest de la France, Pablo Picasso aurait dit : « Ils ont tout inventé. »

La liste d'innovations artistiques créées par Jean et d'autres artistes aurignaciens est longue. On a longtemps pensé que la perspective, qui joue sur les dimensions et les angles pour donner l'illusion de trois dimensions sur une surface en deux dimensions, avait été créée par les artistes athéniens, puis perfectionnée à la Renaissance. Mais Jean l'a utilisée près de 30 000 ans auparavant avec ses rhinocéros et ses chevaux. Le pointillisme, mélange de points et d'espaces vides pour former une image, est généralement attribué aux artistes français de la fin des années 1800, et pourtant, un artiste a utilisé le pointillisme à l'entrée de la grotte Chauvet pour peindre un mammouth rouge.

On trouve également des dessins au pochoir, mais aussi des images négatives dans la grotte Chauvet : après avoir placé leur main devant le mur, doigts largement écartés, les artistes ont soufflé de l'ocre rouge à travers des os fins et creux, laissant ainsi une trace sur le mur, une empreinte de main unique qui semble traduire un désir ancien de dire : « J'étais ici. » L'une de ces empreintes est si claire qu'une chirurgienne spécialiste de la main à laquelle j'ai montré l'image a pu conclure que le petit doigt étrangement tordu était le résultat d'une fracture du quatrième ou cinquième métacarpien. « Cicatrisé, m'a-t-elle confirmé. Mais imparfaitement. »

Certains artistes semblent même avoir utilisé l'animation. Sur les murs de Chauvet, l'un des bisons semble avoir huit jambes floutées – une idée qualifiée de nouvelle et innovante 32 000 ans plus tard.

Si Jean a suivi un apprentissage préhistorique dans sa jeunesse, il est possible qu'une fois plus âgé, il ait également transmis les enseignements appris. Peut-être visitait-il la grotte avec la prochaine génération de peintres. Vers le fond de la grotte, en direction de la pièce où se trouve l'autel et près des flocons de charbon d'une torche, se trouve l'une des plus anciennes empreintes de pas du monde, laissée par un jeune enfant qui a marché dans la boue il y a plus de 30 000 ans.

Homme âgé de l'Aurignacien, Jean est peut-être mort peu de temps après avoir dessiné ses chevaux. Il a peut-être été victime d'un accident, d'une infection, d'un acte de violence. Et parce que sa culture croyait probablement aux esprits et à une mort ritualisée, il n'est pas fou d'espérer qu'un homme si estimé pour son talent ait été honoré de manière artistique à l'heure de sa mort.

Qui a découvert l'Amérique ?

Si l'existence de notre espèce sur Terre était condensée en une journée, ceci se serait produit à 22 h 43.

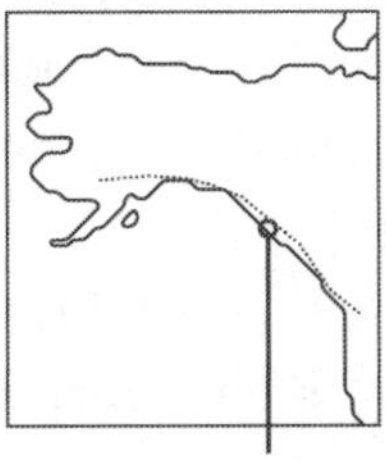

Premier peuplement de l'Amérique, il y a 16 000 ans

Le 12 octobre 1492, quand Christophe Colomb a aperçu ce qui serait ensuite appelé le Nouveau Monde et l'a revendiqué pour le royaume d'Espagne, on estime que près de 50 millions d'individus y vivaient déjà. De toute évidence, sa « découverte » est à placer entre guillemets. Le fait de désigner Colomb comme le premier Européen à découvrir le Nouveau Monde est en soi déjà problématique. La plupart des chercheurs s'accordent à dire que le Viking Leif Erikson a abordé les rivages de Terre-Neuve près de cinq cents ans avant la naissance de Christophe Colomb.

Pour être plus exact, Colomb a été la dernière personne à découvrir le continent américain. Mais quelqu'un a bien été le premier.

Contrairement aux autres continents habitables, l'Amérique est isolée du berceau africain de notre espèce par l'océan et la glace. Résultat : aucun Homininé n'y a posé le pied pendant des millénaires. Puis, il y a 16 000 ans, les calottes glaciaires canadiennes ont commencé à fondre et un membre d'un groupe d'incroyables aventuriers vivant sur la masse terrestre reliant la Sibérie à l'Alaska s'est lancé sur le Nouveau Monde non glaciaire.

Qui était-il ?

Je l'appellerai Dersou, en hommage au grand explorateur sibérien du XVIIIe siècle, Dersou Ouzala.

Notre Dersou est né il y a 16 000 ans, à la fin de la dernière période glaciaire et plus de 5 000 ans avant la révolution agricole à l'autre bout du monde, ce qui signifie qu'à l'époque de sa naissance, tous les humains de la planète vivaient encore de la chasse et de la cueillette.

Dersou est né en Béringie – c'est ainsi que les archéologues ont appelé une masse terrestre désormais engloutie, de la taille du Texas, qui reliait jadis la Sibérie à l'Alaska. Si on la qualifie parfois aujourd'hui de pont terrestre, il ne faut pas imaginer cette masse comme une étroite bande de terre telle que l'isthme de Panama. En réalité, la Béringie était une sorte de sous-continent englouti. Quand Dersou est né, de gigantesques nappes de glace emprisonnaient suffisamment d'eau de mer pour faire chuter le niveau des océans de près de 90 mètres, exposant ainsi une vaste masse terrestre désormais engloutie et reposant à 50 mètres de profondeur sous la mer de Béring. Lorsque les premiers explorateurs espagnols ont émis l'hypothèse que les peuples autochtones d'Amérique avaient atteint le Nouveau Monde en traversant la mythique Atlantide, ils n'étaient pas totalement à côté de la plaque.

On sait très peu de choses sur la culture de Dersou. La mer de Béring a englouti la plupart de leurs sites archéologiques. Ce que les paléoanthropologues ont reconstitué est largement basé sur la reconstruction du langage, l'ADN des premiers Américains et les rares traces qu'ils ont laissées en Alaska et dans le Yukon du

Nord. Pourtant, leur persévérance a été l'une des plus grandes histoires de survie de l'humanité.

Dersou était entouré d'environnements inhabitables. À l'est s'élevait l'inlandsis de la Cordillère, aussi haut qu'un gratte-ciel et s'étalant sur presque toute la moitié occidentale du Canada. Au nord et au sud, les mers arctiques et la mer de Béring, et à l'ouest, les déserts glacials de la Sibérie. Son territoire lui-même était l'un des environnements les plus inhospitaliers jamais habités par notre espèce. La Béringie bordait le cercle arctique pendant l'une des périodes les plus froides de l'histoire humaine. La température moyenne y était inférieure à zéro. Les arbustes étant rares et les arbres inexistants, les archéologues pensent que les Béringiens allumaient leurs feux avec des brindilles et des os.

Dersou était un *Homo sapiens* totalement moderne, aussi intelligent (et probablement plus) que vous ou moi. D'après les modélisations des premiers Américains réalisées par l'archéologue James Chatters, Dersou ressemblait davantage aux aborigènes d'Australie qu'aux Esquimaux et aux Inuits.

Comme tout *Homo sapiens* moderne, Dersou dansait, jouait de la musique et racontait des histoires. Il accordait du temps à ses enfants, cuisait sa nourriture et passait ses journées à chasser dans la forêt de varech qui encerclait le Pacifique Nord. Il se nourrissait de phoques, de poissons, de crustacés et, si la chance lui souriait, de chevaux sauvages. L'une des rares traces laissées par les Béringiens est une mâchoire de cheval avec une profonde rainure causée par une pierre, que les archéologues ont trouvée dans une grotte dans le Yukon du Nord. Cet os de mâchoire donne à penser qu'il y a 24 000 ans, dans les grottes de Bluefish, un Béringien a tranché puis savouré une langue de cheval.

Dersou portait des fourrures qu'il fabriquait avec les peaux des phoques, morses, lièvres, élans et orignaux qu'il chassait.

Son arsenal se composait essentiellement de lances avec des pointes taillées dans du silex ou de l'obsidienne, et de fléchettes qu'il lançait avec une sorte de propulseur appelé *atlatl*. Il pêchait à l'aide de filets et mangeait les crustacés qu'il attrapait. Il vivait parmi les mammouths, mais ne les tuait probablement pas aussi souvent que les mythes populaires ne le laissent croire.

Il est possible que Dersou ait vécu au sein d'un clan formé par seulement quatre ou cinq familles, une estimation étayée par un site vieux de 12 000 ans à Sun River, en Alaska. Mais il communiquait, commerçait, chassait et même s'accouplait avec ses voisins. Avant la découverte de deux jeunes enfants inhumés ensemble il y a 34 000 ans près de Moscou, la plupart des paléoanthropologues supposaient que les chasseurs-cueilleurs arctiques étaient le produit de relations au moins légèrement incestueuses. Mais les analyses ADN des deux enfants ont révélé qu'ils n'avaient, contre toute attente, que des liens de parenté éloignés. Il semble donc que l'inceste ait été aussi tabou pour Dersou et les tribus arctiques que pour nous aujourd'hui, et qu'ils aient entretenu des relations avec des tribus lointaines pour l'éviter.

Dersou devait occuper une position lui conférant une certaine autorité politique au sein de son groupe, un rôle généralement assumé par un homme d'un certain âge dans les cultures de chasseurs-cueilleurs arctiques. En atteignant l'âge mûr, Dersou avait déjà surmonté des obstacles de taille. Dans de nombreuses sociétés anciennes de chasseurs-cueilleurs, le taux de mortalité infantile était élevé, mais il devait être particulièrement accablant chez les peuples arctiques. Même au sein de groupes de chasseurs-cueilleurs plus avancés sur le plan technologique, pas moins de 40 % des enfants mouraient. En Béringie, les chances qu'un enfant atteigne l'âge de dix ans étaient bien minces. Si Dersou a eu la chance de survivre jusqu'à l'âge adulte, il a certainement connu la perte d'enfants en tant que père.

Sur le site de Sun River, les archéologues ont trouvé trois corps enterrés. Tous des enfants. D'après les archéologues, quelques familles y ont vécu pendant des années dans une hutte, mais ont préféré l'abandonner pour de bon après y avoir incinéré un enfant de trois ans. Le signe, peut-être, d'un chagrin préhistorique.

Dersou est l'un des premiers Béringiens pour qui voyager vers le sud était une possibilité. Pendant 15 000 ans – une période trois fois plus longue que toute l'histoire écrite –, l'inlandsis de la Cordillère, de près d'un kilomètre d'épaisseur, bloquait tout déplacement vers le sud. Jusqu'à récemment, la majorité des spécialistes pensaient que les peuples fondateurs du Nouveau Monde étaient arrivés par le centre du Canada il y a 13 000 ans, lorsqu'un chemin s'est ouvert entre l'inlandsis de la Cordillère et l'inlandsis laurentidien. Mais les récentes découvertes d'une présence américaine antérieure ont mis fin à cette théorie. Ces dix dernières années, les archéologues ont mis au jour d'importantes preuves d'occupation humaine de l'Oregon et du Chili datant d'avant l'ouverture du passage du Great Divide. De nombreux archéologues, dont Jon Erlandson, professeur d'archéologie à l'université de l'Oregon, sont désormais convaincus que des humains y ont posé le pied il y a au moins 16 000 ans. À cette époque, la seule route viable aurait été un dangereux voyage dans de petites embarcations le long de la côte ouest du Canada. De récentes études réalisées sur des rochers du littoral canadien ont confirmé que certains d'entre eux étaient sortis des nappes de glace il y a environ 16 000 ans, permettant de croire en l'existence d'un passage.

Lorsque j'ai parlé à Jan Erlandson de la possibilité d'un voyage maritime, il m'a dit qu'il pensait que la forêt luxuriante de varech qui entourait le bord occidental de la côte canadienne nourrissait non seulement les Béringiens, mais offrait aussi à Dersou un passage vers le sud. Les recherches de Jan Erlandson le poussent à croire que cette « autoroute de varech » s'étendait de la Béringie à Baja et fournissait non seulement des vivres à Dersou, mais aussi un appel au voyage.

Pourtant, Dersou ne disposait pas de larges navires de pleine mer qui auraient été nécessaires pour réaliser ce voyage d'une seule traite. Les arbres géants indispensables pour un tel bateau n'existaient tout simplement pas en Béringie. En réalité, ses bateaux ressemblaient probablement à des kayaks modernes, avec des peaux d'animaux tendues sur du bois flotté ou un cadre en fanons. Ces kayaks n'auraient pas pu supporter des voyages de plusieurs jours, mais Dersou les a peut-être utilisés pour pêcher, chasser et pagayer autour des pics de glace qui dépassaient encore des flots.

Si les archéologues ont en grande partie compris comment Dersou et les premiers Américains ont réalisé leur grand voyage, la cause leur échappe encore. Pour toute personne vivant aujourd'hui dans les climats agréables au sud du 40e parallèle, cela peut sembler évident. Mais Dersou n'avait pas de carte. Il ne pouvait pas savoir si devant lui se trouvait une infranchissable étendue de glace ou d'eau, ou si sa destination était bien pire que son point de départ. Rien n'indique que les Béringiens aient été contraints de partir – en raison de conflits ou de famines par exemple – puisque les chasseurs-cueilleurs arctiques ont continué à prospérer en Béringie et en Alaska pendant des milliers d'années après Dersou.

En l'absence d'impératif évident forçant Dersou à prendre le large, la meilleure explication de son voyage est peut-être simplement le désir d'explorer. L'exploration peut sembler être la quête frivole d'une personne moderne, mais les preuves indiquent que ce désir est aussi vieux – si ce n'est plus – qu'*Homo sapiens*.

Dersou et son peuple sont peut-être partis simplement parce qu'ils voulaient voir ce qui se trouvait au-delà de l'horizon.

L'envie d'explorer est intimement liée à un instinct qui a contribué à notre évolution – celui de voir, trouver, sentir, comprendre et élargir les frontières de notre monde. Elle est ancrée dans la condition humaine. Il n'y a aucune raison de penser que les Magellan ou les Neil Armstrong étaient moins courants dans les anciens temps qu'aujourd'hui. À vrai dire, les récompenses promises par des îles sauvages et des continents vierges ont peut-être même incité encore plus d'exploration. Quand les archéologues découvrent la preuve de voyages dangereux tels que celui de Dersou, on imagine souvent qu'un ennemi ou que la famine a poussé les voyageurs à prendre un tel risque. Mais des reconstructions minutieuses d'autres grandes cultures maritimes ont montré que cela n'était pas nécessairement le cas.

En réexaminant les mouvements d'une ancienne culture de navigateurs du Pacifique Sud, appelée Lapita, des archéologues ont constaté que, sur la durée d'une seule génération, ils avaient découvert de nombreuses îles et s'y étaient installés. Ils colonisaient les îles à une telle vitesse que les archéologues pensent désormais que la meilleure explication pour leur quête continuelle – et pourtant incroyablement périlleuse – était le désir humain d'explorer l'inconnu.

Les archéologues ne savent pas combien de temps il aura fallu à Dersou pour descendre la côte. Peut-être une seule génération, peut-être plusieurs. Il est possible que ses enfants ou ses petits-enfants aient été les premiers à franchir la barrière glaciaire du sud. Mais une fois au-delà de la nappe de glace, Dersou ou ses descendants ont découvert un Éden vierge, où vivait une mégafaune incluant des lions, des chameaux, des mammouths, des mastodontes, des guépards, des chevaux, des castors de 55 kilos et des condors géants. En tout, lorsque les Béringiens sont arrivés pour la première fois, 90 espèces distinctes de plus de 50 kilos marchaient, rampaient ou volaient en Amérique du Nord. Mais contrairement aux grands animaux d'Afrique qui ont évolué en parallèle des Homininés, la mégafaune du Nouveau Monde était inadaptée, et n'était pas effrayée par ce nouveau super-prédateur. En l'espace de 4 000 ans, les humains ont chassé presque toutes ces espèces jusqu'à l'extinction.

Les nouveaux Américains se sont répandus si rapidement et si totalement à travers le continent que certains linguistes pensent que presque toutes les langues amérindiennes parlées au sud du Canada proviennent d'une seule langue mère. En dépit d'une diversité linguistique remarquable, les linguistes Joseph Greenberg et Merritt Ruhlen ont constaté d'importantes similarités dans la diaspora des langues sur le continent américain, et ont reconstruit, sur la base de ces similarités, des portions de ce qui d'après eux a pu être leur langue mère : autrement dit, la langue que parlait Dersou. Si Greenberg et Ruhlen ont raison – et leurs détracteurs sont nombreux, bien que je trouve leur méthodologie convaincante –, alors compte tenu de la manière unique dont l'Amérique a été peuplée, Dersou pourrait bien être la première personne dont nous connaissons les mots. Ainsi, quand Dersou – qui navigua sur les périlleuses mers arctiques, dans l'ombre des glaciers, pour découvrir le Nouveau Monde – est mort, l'un des mots que ses proches ont dû prononcer est peut-être connu de la communauté scientifique.

En effet, le mot pour « mort », explique Merritt Ruhlen, ressemblait à « MA-ki. »

Qui a bu la première bière ?

Si l'existence de notre espèce sur Terre était condensée en une journée, ceci se serait produit à 22 h 48.

Première bière brassée, il y a 15 000 ans

Un matin de septembre 1795, une mutinerie a éclaté à bord du HMS *Defiance*, un navire de la Royal Navy. Le vaisseau de ligne de 74 canons venait juste de rentrer d'un long voyage dans le froid de la mer Baltique et de s'amarrer dans un port proche d'Édimbourg, mais le capitaine sir George Home continuait de servir à ses hommes une piètre boisson alcoolisée, « aussi fine que de la mousseline et totalement inefficace contre le froid », d'après le rapport d'un des marins mécontents. Après des mois à boire ce breuvage peu satisfaisant, l'équipage se révolta et prit d'assaut les quartiers du capitaine.

Il fallut deux jours et l'intervention d'un autre navire pour mettre fin à l'insurrection. Cinq marins furent finalement pendus. Avant cette mutinerie causée par un mauvais grog, l'alcool avait déjà poussé plus d'un Homininé à prendre des décisions irrationnelles.

D'après les généticiens, notre recherche obstinée d'alcool a commencé il y a bien, bien longtemps.

Des études indiquent que les enzymes intestinales permettant à nos ancêtres de décomposer l'éthanol se sont améliorées de manière spectaculaire il y a environ 10 millions d'années, vraisemblablement lorsque l'ancêtre commun des gorilles, des chimpanzés et des humains a commencé à passer plus de temps à terre, à manger des fruits tombés de l'arbre et ayant fermenté. Les généticiens pensent que la sélection naturelle a non seulement favorisé les grands singes capables de digérer l'éthanol de ces fruits nutritifs bien qu'alcoolisés, mais qu'elle a aussi favorisé ceux qui recherchaient leur odeur et leur goût caractéristiques.

N'allez toutefois pas imaginer de grands singes ivres. La quantité d'alcool des fruits fermentés est faible par rapport au volume – ils étaient donc bien un aliment, pas une drogue. Les effets enivrants sont arrivés bien plus tard, quand les Homininés ont appris à concentrer le jus des fruits fermentés pour en faire du vin et à ajouter de l'eau au miel pour en faire de l'hydromel. Les recettes du vin et de l'hydromel sont si simples qu'elles ont très bien pu voir le jour avant l'apparition des *Homo sapiens*.

Et pourtant, ni le vin ni l'hydromel n'a eu de conséquences semblables à celles de la bière sur la société. La bière est fabriquée à partir de céréales que l'on peut stocker, localiser de manière prévisible et récolter en grandes quantités. Avec la découverte de la bière, l'alcool est pour la première fois devenu disponible à la demande. Compte tenu de ce que l'on sait de l'effet motivant de l'alcool, on comprend aisément que cette découverte constitue un moment charnière dans l'histoire humaine. Mais la découverte de la bière prend une signification encore plus grande, puisque les céréales ne sont pas qu'une source d'alcool, elles sont aussi une source alimentaire. Elles fournissent aujourd'hui près de la moitié des calories à l'échelle mondiale, et leur culture intensive a déclenché la révolution agricole – la première transition de la chasse et de la cueillette à l'agriculture et l'élevage –, qui reste à ce jour le développement le plus conséquent dans l'histoire de l'humanité.

La vie des premiers agriculteurs étant plus difficile, plus courte et plus coûteuse pour la santé que la vie des chasseurs-cueilleurs, de nombreux spécialistes ont longtemps pensé que personne n'avait choisi de se mettre à cultiver. Au lieu de cela, ils pensent que des chasseurs-cueilleurs de Mésopotamie ont été attirés comme une proie dans un piège. Et l'appât, contrairement à ce que beaucoup ont longtemps cru, n'était peut-être pas le pain. En réalité, un nombre croissant de preuves indiquent qu'il s'agissait de la bière, ce qui ferait du premier brasseur l'un des individus les plus importants de l'histoire humaine.

Qui était-ce ?

Je l'appellerai Osiris, et je propose qu'elle soit une femme, car elle brassait sa bière à partir de graines de blé, d'orge ou de seigle, qui étaient toutes récoltées essentiellement par les femmes au sein des communautés de chasseurs-cueilleurs.

Osiris est née il y a près de 15 000 ans dans un petit village du Moyen-Orient, probablement dans un lieu tel que celui que les archéologues appellent Shubayqa, dans le nord-est de la Jordanie, où une équipe d'archéologues a découvert en 2018 les plus vieilles céréales calcinées jamais trouvées.

Osiris appartenait à un groupe que les archéologues nomment les Natoufiens, l'un des premiers peuples à vivre en un seul et même endroit toute l'année. Mais elle n'était pas agricultrice. Jusque dans les années 1970, les archéologues pensaient pour la plupart que les agriculteurs avaient été les premiers à se sédentariser. Mais les découvertes faites sur plusieurs sites dans et autour de la vallée de l'Euphrate ont prouvé que ce n'était pas le cas : des chasseurs-cueilleurs tels qu'Osiris ont vécu sur un seul site des milliers d'années avant le début de l'agriculture.

D'après les estimations des généticiens sur les Natoufiens, Osiris devait mesurer environ 1,50 mètre, et avoir une peau foncée, les yeux marron et les cheveux noirs. Elle vivait dans un habitat circulaire et semi-souterrain, avec des fondations en pierre et des murs en bois, dans un hameau composé de quelques autres habitations similaires. Shubayqa comptait une population totale inférieure à deux cents personnes, mais étant habitée toute l'année, elle constituait l'une des plus grandes villes du monde.

Osiris parait son corps de petits ornements en pierre, en coquillage et en os. Elle utilisait des coquilles d'œufs d'autruche en guise de récipients, fabriquait des hameçons et harpons avec des os, façonnait des figurines animales et humaines dans de la roche calcaire, et participait à des festins en l'honneur de ses morts. Les archéologues ont ainsi découvert la tombe d'une femme natoufienne – peut-être une chamane – enterrée avec quatre-vingt-six écailles de tortue.

Osiris vivait à une époque et en un lieu d'abondance. Sa terre était bien moins aride qu'elle ne l'est aujourd'hui, et le ruissellement annuel de la montagne des Druzes avoisinante transformait les plaines en zones humides semi-permanentes. Des troupeaux d'aurochs et de gazelles se pressaient dans les environs pour boire, tandis que les hauts plateaux fertiles fournissaient des légumineuses, des amandes et des pistaches. Les archéologues ne savent pas précisément pourquoi les Natoufiens ont décidé de s'implanter dans des villages permanents, mais cette abondance continue toute l'année est certainement l'explication la plus simple.

L'une des conséquences inévitables de leur sédentarité était leur accumulation progressive d'objets lourds qui auraient été trop encombrants pour la vie nomade : du matériel de récolte, mais aussi des ustensiles de cuisine, comme des meules de pierre, des faucilles et des chaudrons de cent-cinquante litres en roche calcaire. Ils offraient de nouvelles possibilités et de nouvelles sources de nourriture, en particulier la cueillette et le broyage des graines – et à terme le brassage de la bière.

Osiris passait ses journées à ramasser les fruits, noix et tubercules qui poussaient à foison près de son village. De temps à autre, elle récoltait l'ancêtre sauvage du blé, mais celui-ci n'était pas un aliment de base pour elle, car il demandait trop de travail : une fois arrivé à maturation, le blé sauvage rejette ses graines sur le sol, contraignant ainsi le récolteur à se pencher pour les ramasser une à une. Au fil du temps, comme les humains sélectionnaient systématiquement les plants de blé avec la mutation génétique donnant un rachis solide qui permettait de conserver les graines mûres dans leur enveloppe, nous avons modifié la nature de la plante. Mais à l'époque d'Osiris, cette évolution ne s'était pas encore produite. Par conséquent, les rendements caloriques de la récolte de blé sauvage auraient été « pitoyablement faibles », pour reprendre les mots du paléobotaniste Jonathan Sauer. Avant la découverte de la bière, les chasseurs-cueilleurs y prêtaient donc peu d'attention.

Quand Osiris a récolté ses grains de blé, elle cherchait probablement autre chose et a dû tomber sur un plant de blé possédant cette rare mutation du rachis solide. N'ayant pas besoin de ramasser les graines mûres à même le sol, elle a pu en prélever un boisseau directement de la plante, comme on le fait de nos jours.

Avec les graines, Osiris a certainement préparé l'équivalent natoufien du gruau en les extrayant de leur enveloppe puis en les trempant dans de l'eau pour transformer l'amidon de la céréale en sucres. Peut-être a-t-elle ajouté un peu de miel ou des fruits pour rendre le mélange plus doux. Une fois son bol de gruau préparé, il n'y aurait eu qu'un pas pour qu'il se transforme en bière. Tout ce qu'il aurait fallu était un moment d'oubli, une paillette perdue de levure, et le soleil brûlant du Moyen-Orient.

Par définition, la bière n'est rien d'autre que du gruau avarié. La recette pour changer le gruau en bière est simple : du temps, de la chaleur et une levure telle que *Saccharomyces paradoxus*, ou *cerevisiae*, qui convertit les sucres de la graine en alcool et en dioxyde de carbone. Par chance pour Osiris, les levures indispensables se trouvent partout. Dans le miel – qui aurait donc déclenché la conversion si elle en avait ajouté à son gruau –, sur les glands – qui auraient démarré le processus si Osiris avait utilisé les mêmes roches pour broyer ses glands et son blé – ou encore sur les insectes – qui auraient lancé la fermentation en venant se poser sur le gruau pendant qu'il reposait. Elles sont même présentes sur les céréales sauvages elles-mêmes, m'a indiqué Martin Zarnkow, professeur de technologie brassicole à l'université de Munich. Si elle avait récolté de « mauvaises graines », Osiris n'aurait rien eu besoin d'ajouter.

Dans tous les cas, si elle a oublié son gruau au soleil en plein été, une journée aurait suffi pour qu'il se transforme en délicieuse erreur fermentée.

Quelle saveur Osiris aurait-elle goûtée ?

Scott Ungermann, maître brasseur chez Anchor Brewing Company à San Francisco, explique que le gruau avarié – ou bière légère, comme on l'appellerait aujourd'hui – aurait eu un goût aigre et acide dû à la contamination par une bactérie appelée *lactobacillus*, qui pénètre les mélanges non scellés et génère un produit dérivé de l'acide lactique. Les brasseries modernes font généralement tout leur possible pour éviter ce genre de contamination, mais dans le cas de quelques bières aigres, elles l'introduisent volontairement, ce qui signifie que quelques bières modernes ont peut-être un goût assez proche de celui de la bière originale.

D'après Ungermann, la bière moderne ressemblant le plus à la boisson d'Osiris est la Berliner Weisse, une bière légère et aigre fabriquée sans houblon. Le *Beer & Brewing Magazine* la décrit comme une « curiosité rafraîchissante, légèrement trouble et pétillante, avec un goût piquant ». Toutefois, il manque à la Berliner Weisse les morceaux de blé solides qui flottaient à la surface de la bière d'Osiris – et dont la présence explique probablement les pictographies mésopotamiennes indiquant qu'ils buvaient leur bière à travers une paille.

La concentration d'alcool de la bière d'Osiris aurait été deux fois moins élevée que celle d'une bière moderne, même légère, et ne l'aurait donc pas rendue ivre. Mais elle aurait probablement ressenti et apprécié son effet grisant.

Ce qui l'aurait donc poussée à la fabriquer de nouveau. Et à la partager. Et même si récolter du blé, de l'orge et du seigle non domestiqués était extrêmement inefficace, la bière (contrairement au pain) en valait la peine. Et si ça n'était pas pour elle, c'était pour les voisins.

Lorsqu'ils étaient encore nomades, les pré-Natoufiens pouvaient tout simplement s'éloigner d'un voisin problématique. Mais pour Osiris, qui avait des bâtisses permanentes et des réserves de nourriture à protéger, s'éloigner n'était plus une option. Les archéologues ont ainsi découvert que les Natoufiens organisaient régulièrement une sorte de fête de quartier afin d'apaiser les tensions, mais aussi de nouer des liens sociaux avec leurs voisins. Dans ces circonstances, l'alcool, lubrifiant social par excellence, aurait été d'autant plus essentiel.

Les paléobotanistes pensent qu'en récoltant des céréales sauvages pour leur bière, Osiris et les autres colonisateurs du

Levant faisaient tomber des graines par terre sur le chemin du retour. Au fil des générations, des champs de blé, d'orge et de seigle ont ainsi dû pousser à proximité de leurs villages. À mesure que ces champs sont devenus une source de nourriture viable, les Natoufiens ont commencé à les entretenir. Ils les débarrassaient des mauvaises herbes, labouraient les terres et replantaient les semences. En fin de compte, ce qui était au départ une source non rentable de nourriture s'est transformée en champs de calories denses et productives. Dans un premier temps, les gens s'occupaient probablement de ces champs une partie du temps. Puis la plupart du temps. Et finalement, à temps plein.

Les champs de culture pouvant nourrir des populations bien plus nombreuses par mètre carré que la chasse et la cueillette, les populations natoufiennes se sont développées au-delà de ce que leur ancien style de vie permettait. Après quelques générations d'agriculture, les Natoufiens ne pouvaient plus retourner à leurs anciennes habitudes sans risquer la famine. La fabrication de bière – et plus tard, du pain – a peut-être bien enfermé les Natoufiens et leurs descendants dans un mode de vie totalement différent.

La théorie selon laquelle la bière, et non le pain, a pu être le moteur principal de la révolution agricole n'est pas nouvelle. Elle a pour la première fois été avancée dans les années 1950 par des archéologues tels que Robert Braidwood, de l'université de Chicago, mais a été largement rejetée à l'époque. Paul Mangelsdorf, botaniste de Harvard, a résumé le consensus dans sa réponse à l'article de Braidwood de 1953, « *Did Man Once Live by Beer Alone?* », en écrivant : « Doit-on penser que les fondations de la civilisation occidentale ont été posées par un peuple sous-alimenté vivant dans un état perpétuel d'intoxication partielle ? ».

Mais, en 1972, George Beadle, généticien et lauréat du prix Nobel, résolut le mystère de l'ancêtre sauvage du maïs, et sa découverte permit de répondre à la question : qui de la bière ou du pain ? La découverte de George Beadle a prouvé que les *Homo sapiens* avaient pu domestiquer une source de nourriture vitale dans leur quête d'alcool, en montrant que les humains avaient réitéré leur performance: Cette fois-ci, à l'autre bout de la planète.

Le maïs est aujourd'hui le troisième aliment fournissant le plus de calories de toutes les cultures du monde, mais, contrairement au blé, le maïs domestiqué ne ressemble à aucune plante trouvée à l'état sauvage. La sélection artificielle a si profondément modifié le maïs que son ancêtre sauvage est resté indéterminé jusqu'aux tests génétiques de George Beadle, qui ont confirmé que le maïs moderne provenait d'une graminée sauvage mexicaine : la téosinte. Cette découverte a poussé les anthropologues à réexaminer pourquoi les Natoufiens avaient commencé à récolter des céréales, car si le blé sauvage aurait tout à fait pu être récolté pour faire du pain, personne, aussi affamé soit-il, n'aurait jamais pris la peine de récolter de la téosinte.

La téosinte est une bien mauvaise source alimentaire. Comme le maïs, elle possède des épis, mais il faut un microscope pour le savoir. Un épi entier de téosinte contient moins de calories qu'un seul grain de maïs moderne. Kent Flannery, archéologue de l'université du Michigan, disait de la téosinte qu'elle était un « aliment de misère », et Hugh Iltis, botaniste de l'université du Wisconsin, a décrit l'enveloppe protectrice de la téosinte sauvage comme étant « si indestructible que tout usage du grain par l'homme est totalement hors de question », et s'est demandé pourquoi « quiconque prendrait la peine de récolter ou d'essayer de cultiver cette graine parfaitement inutile lorsque la graine elle-même est si irrémédiablement emprisonnée. »

Réponse : pour faire de l'alcool.

L'enveloppe de la téosinte est sucrée, c'est pourquoi on pense qu'il arrivait aux individus qui vivaient dans le Mexique actuel de mâcher les enveloppes comme une sucrerie. Finalement, il y a 7000 ans, ils ont commencé à récolter et presser les épis pour en extraire un jus sucré. À partir de là, le jus de téosinte n'a besoin que d'un peu de temps pour fermenter et se transformer en vin d'épis de maïs.

À mesure que les fabricants de vin d'épis de maïs sélectionnaient artificiellement les épis de téosintes les plus larges et répandaient leurs semences, les épis se sont mis à pousser naturellement. Mais il aura fallu au moins 3000 ans de sélection artificielle avant que les épis de téosintes atteignent cinq centimètres de long, ce qui correspond à la première fois qu'ils ont pu être plausiblement utilisés comme nourriture.

Le blé, l'orge et le seigle domestiqués étant génétiquement similaires à leurs ancêtres sauvages, la sélection naturelle s'est opérée bien plus vite pour en faire des aliments performants. Mais les preuves, et la nature humaine, laissent à penser que le processus a commencé de la même manière : lorsque quelqu'un a découvert qu'une plante pouvait produire de l'alcool.

Qui a bu la première bière ? Les anciens Égyptiens, qui en brassaient au moins dix-sept variétés différentes, et les avaient même affublées de noms tels que la « divine » et la « donneuse de joie », avaient une réponse. Selon leurs croyances, la bière était un don d'Osiris, le dieu bienveillant de l'au-delà. Osiris aurait préparé un repas composé d'eau et de graines germées, et l'aurait oublié en plein soleil. Le lendemain, il découvrit que son mélange avait fermenté, mais décida de le boire malgré tout. Il fut si enchanté par la sensation, raconte la légende, qu'il l'offrit en cadeau à l'humanité. Et c'est presque exactement ce qu'il s'est passé, environ 10 000 ans avant le premier hiéroglyphe égyptien.

À une exception près : Osiris n'était pas le dieu de l'au-delà. Elle était probablement juste une jeune femme tête en l'air ayant oublié son repas sous le soleil du Moyen-Orient.

Qui a réalisé la première opération chirurgicale ?

Si l'existence de notre espèce sur Terre était condensée en une journée, ceci se serait produit 33 minutes avant minuit.

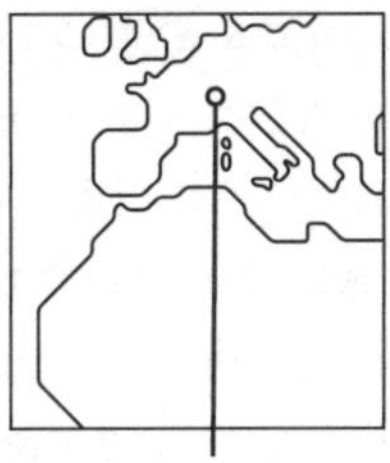

Première opération chirurgicale, il y a 7 000 ans

En 1865, dans la ville péruvienne de Cuzco, une riche collectionneuse du nom d'Ana María Centeno montra au diplomate américain Ephraim George Squier un étrange crâne inca qu'elle avait déniché. Le crâne était parfaitement normal à tous les égards, à l'exception d'un large trou rectangulaire au-dessus de l'oreille, incisé si précisément qu'aucune arme de guerre ni aucune dent animale n'aurait pu en être responsable. On aurait dit que quelqu'un avait taillé une fenêtre dans le crâne pour regarder le cerveau.

Le crâne présenté par Ana María Centeno n'était pas la première tête curieusement percée trouvée par les archéologues, mais leurs marques avaient jusqu'alors été considérées comme de terribles blessures de guerre ou des modifications *post mortem*.

Squier avait une autre théorie, plus radicale : il avança que les crânes n'avaient pas été perforés pour tuer leurs propriétaires, mais pour les sauver.

E. G. Squier, autodidacte, était, d'une certaine manière, la personne idéale pour interpréter la trouvaille d'Ana María Centeno. C'était un fervent patriote américain, tant dans le domaine de la diplomatie que dans celui de l'archéologie. Lorsqu'il fut nommé par Abraham Lincoln pour régler un différend financier avec le Pérou en 1863, il se servit de cette mission pour démontrer sa conviction de la sophistication des anciennes cultures du Nouveau Monde. Cette disposition optimiste l'aida à voir le crâne pour ce qu'il était : un très vieil exemple de génie médical.

Il présenta le crâne au grand chirurgien et anthropologue français Paul Broca, dont les conclusions choquèrent les experts. Paul Broca déclara que non seulement un chirurgien ancien avait réalisé l'intervention du vivant du patient, mais que la réossification visible en bordure du trou prouvait qu'il y avait survécu.

Cet acte chirurgical s'appelle une trépanation et il ne s'agit pas d'une opération du cerveau. Lors d'une trépanation, le chirurgien retire un morceau de crâne, mais ne pénètre pas la membrane entourant le cerveau. Si des chirurgiens d'autrefois avaient touché la matière grise avec des outils non désinfectés, le patient serait rapidement mort d'une infection. Le patient avait survécu, comme le découvrit Broca : cela prouvait que le chirurgien avait percé l'os puis s'était arrêté.

Cette déclaration choqua tant le monde de la médecine que celui de l'archéologie. À l'époque, deux tiers des patients subissant l'équivalent moderne de cette opération dans les hôpitaux européens en mouraient. Et pourtant, cet homme ancien que le chirurgien avait ouvert à l'aide d'une lame en pierre avait, lui, survécu. Et ce n'était pas la seule réussite chirurgicale ancienne.

Les archéologues ont alors commencé à reclasser des crânes plus anciens trouvés en Europe et en Russie comme des patients de trépanations et, en septembre 1996, dans la ville d'Ensisheim, dans l'est de la France, des archéologues ont mis au jour la « tombe 44 », dans laquelle reposait le squelette bien conservé d'un homme de cinquante ans, ayant subi non pas une, mais deux trépanations. Les objets funéraires enterrés avec lui ont révélé qu'il était mort il y a plus de 7 000 ans, faisant du crâne de ce vieil homme la plus ancienne preuve jamais découverte d'un acte chirurgical. Il s'agit peut-être de la première incision chirurgicale.

Qui l'a réalisée ?

Je l'appellerai Dr Zéro, et il sera un homme, car les indices montrent que la chirurgie était le résultat direct d'une nouvelle hiérarchie sociale dans l'Europe néolithique et qu'elle était peut-être pratiquée par des figures d'autorité politique masculines.

Dr Zéro est né il y a environ 7 000 ans, dans une culture que les spécialistes appellent la culture rubanée. Agriculteur et éleveur, il vivait dans un village établi dans l'est de la France actuelle, le long du Rhin, à quelques kilomètres de l'Allemagne d'aujourd'hui. Il était l'un des premiers agriculteurs de l'Europe de l'Ouest, mais ni lui ni ses ancêtres n'étaient d'anciens chasseurs-cueilleurs européens. Des études d'ADN ancien ont amplement démontré qu'en s'enfonçant en Europe, les cultivateurs n'avaient pas assimilé les chasseurs-cueilleurs locaux, mais les avaient repoussés ou exterminés.

Son peuple cultivait du blé, des pois et des lentilles, élevait du bétail, et chassait occasionnellement le cerf. Les agriculteurs et éleveurs utilisaient les sols fertiles des plaines inondables et de l'ancienne voie du Rhin pour faire pousser leurs cultures. Le village consistait en une poignée de maisons, sur environ trente mètres de long, conçues en chêne massif, avec des toits de chaume inclinés et des rangées de poteaux en soutien.

Dr Zéro était petit – les hommes de son époque et de cette région mesuraient environ 1,65 mètre – en raison de son régime déséquilibré et chargé en céréales, qui nuisait aussi bien à sa croissance qu'à ses dents. Il faisait partie des premiers Européens à la peau claire, et des analyses ADN révèlent qu'il avait certainement les yeux marron et les cheveux bruns, et qu'il était intolérant au lactose. Sa dépendance à quelques sources alimentaires le rendait vulnérable aux inondations, à la sécheresse et aux maladies. Le risque de famine était omniprésent et sa santé était bien pire que celle de ses voisins chasseurs-cueilleurs, qui jouissaient d'un régime varié.

Ses outils étaient intégralement conçus en pierre, bois, tendons et autres matières organiques. Il coupait des arbres à l'aide d'une herminette – sorte de lame de hache en pierre polie fixée à un manche en bois – et utilisait du silex et de l'obsidienne en guise de couteaux et de pointes de flèches. De nos jours, les archéologues parlent d'Europe néolithique pour qualifier cette ère, l'âge des premiers fermiers du continent.

Dr Zéro était probablement une figure d'autorité au sein de sa communauté. Comme me l'explique John Rick, professeur d'archéologie de l'université de Stanford : « Pour convaincre une personne que tailler dans son crâne est une bonne idée, il faut posséder une certaine autorité. »

Quand j'ai demandé à John Rick pourquoi il n'y avait aucune trace de chirurgie avant Dr Zéro, il m'a répondu que le concept même d'autorité – autre que celle imposée par la dominance physique pure – était un développement relativement récent dans l'histoire des *Homo sapiens*. La confiance que nous accordons de nos jours à l'expertise de quelqu'un provient de ce que les anthropologues appellent la spécialisation. Cette confiance en l'autorité des autres constitue aujourd'hui la base de la plupart des relations professionnelles, mais c'est un concept relativement nouveau, qui n'est apparu que lorsque l'agriculture a permis à une personne de produire une quantité de nourriture supérieure à ses propres besoins. Cet excédent de nourriture a autorisé certains membres de la société à se spécialiser dans différents domaines – militaire, gouvernance, médecine, etc. Plus les agriculteurs gagnaient en efficacité, plus les gens gagnaient en liberté pour s'engager dans des professions de plus en plus spécialisées.

La transition vers l'agriculture et l'élevage a également marqué les débuts de la richesse. Pour la première fois dans l'histoire humaine, une personne pouvait posséder plus qu'une autre. Elle pouvait par exemple posséder plus de bétail ou plus de cultures. Trente pour cent des tombes d'Ensisheim contiennent des bandeaux en coquillage, des colliers et des outils sophistiqués, tandis que les autres n'ont rien de tel. Les archéologues y voient la preuve que certains individus d'Ensisheim étaient plus respectés que d'autres, voire purement et simplement plus riches. L'agriculture a entraîné une inégalité des revenus. Or, quand quelqu'un possède plus, on a tendance à croire qu'il sait aussi plus de choses, me précise John Rick. D'après lui, cette disparité des richesses combinée à l'émergence de professions de plus en plus spécialisées a introduit et accéléré le concept d'autorité.

C'est cette introduction de l'autorité, plutôt que les outils ou l'intelligence, qui a mené à l'émergence de la chirurgie. L'absence d'autorité suprême avant l'agriculture pourrait expliquer pourquoi les archéologues n'ont encore jamais découvert la preuve d'actes chirurgicaux avant la révolution agricole.

Mais même si Dr Zéro détenait l'autorité nécessaire pour pratiquer la chirurgie, pourquoi la pratiquerait-il ? Pendant des années après la découverte des trépanations, les archéologues pensaient que Dr Zéro et le reste des anciens chirurgiens n'étaient rien d'autre que des charlatans et des bouchers appartenant à la longue et sordide histoire des chirurgiens prémodernes qui dissimulaient leur dépravation ou leur ignorance derrière un tablier et un scalpel.

Mais le nombre impressionnant de trépanations recensées à travers le monde élimine d'office toute explication simpliste. Les archéologues ont découvert des crânes trépanés en Europe, en Russie, en Océanie et en Amérique du Sud, s'étalant sur près de 7 000 ans. Si Dr Zéro avait été le seul à pratiquer cette opération, ou si elle avait été pratiquée dans une région et à une époque spécifiques, on aurait facilement pu attribuer sa motivation à une croyance religieuse particulière, ou à une autre méthode de déformation radicale du corps, comme le bandage des pieds ou l'allongement du cou. Mais les trépanations anciennes ont été réalisées dans des cultures n'ayant aucun contact entre elles et très peu en commun, ce qui écarte la thèse de coutumes ou tendances locales, et appelle une explication plus globale. Comme l'a écrit l'historien de la médecine Plinio Prioreschi : « C'était une activité ancrée dans des expériences et des besoins que partageaient tous les hommes préhistoriques, toutes régions confondues. »

Ce qui a poussé Dr Zéro à réaliser la première incision nécessite une explication plus universelle qu'un style local ou une religion. Et l'archéologue John Verano, auteur de *Holes in the Head*, en avance une particulièrement radicale : il pense que ces anciens chirurgiens pratiquaient une bonne médecine.

Si par « bonne médecine », on entend un traitement efficace, alors il s'agit d'un développement considéré comme relativement récent. Comme l'a déclaré le biochimiste et historien de la médecine de Harvard L. J. Henderson, au début des années 1900 : « Entre 1910 et 1912, dans ce pays [aux États-Unis], un patient aléatoire avec une maladie aléatoire, consultant un médecin choisi aléatoirement, avait pour la première fois dans l'histoire de l'humanité plus d'une chance sur deux que cette consultation lui soit bénéfique. »

L'histoire de la chirurgie est encore plus lugubre.

Dr William Keen, chirurgien de l'armée de l'Union pendant la guerre de Sécession, a écrit que, d'après ses calculs, être traité dans un hôpital municipal était sept fois plus dangereux que de se battre à Gettysburg. L'année où Paul Broca a déclaré que la personne trépanée avait survécu, les médecins de Londres tuaient 70 % de leurs patients qui subissaient une opération similaire. L'idée que Dr Zéro ait pu pratiquer une bonne médecine et une bonne chirurgie serait un virage radical par rapport à la majorité de l'histoire écrite de la médecine. Mais l'opération qu'il a réalisée sauve bel et bien des vies de nos jours. On appelle cela une craniotomie, et les chirurgiens la pratiquent en cas de saignements dans la boîte crânienne suite à un traumatisme crânien grave. Alors que le cerveau enfle, la pression dans la boîte crânienne augmente jusqu'à la priver totalement d'oxygène. Le seul moyen d'abaisser la pression est de retirer une partie du crâne.

D'après John Verano, plus de la moitié des crânes trépanés trouvés au Pérou, où les archéologues en ont déniché le plus, présentent des traces de fractures antérieures. Et il s'agit sûrement d'une sous-estimation, étant donné que l'os fracturé est souvent extrait lors de la trépanation. Les patients étaient par ailleurs principalement de sexe masculin et les trépanations étaient le plus souvent pratiquées sur le côté gauche de la tête – ce qui indique que la plupart des patients étaient blessés au combat, après avoir reçu un coup porté par des adversaires droitiers. Bien qu'indirectes, les preuves démontrent clairement que les chirurgiens incas pratiquaient essentiellement leurs trépanations en réaction à de sévères traumatismes crâniens.

Dr Zéro devait bien connaître les blessures crâniennes, notamment celles résultant d'un coup d'herminette. Les fosses communes étaient tristement courantes au sein des premières communautés du Néolithique européen, de même que les traumatismes contondants à la tête. À Talheim, en Allemagne, une tombe vieille de 7 000 ans abrite les corps de trente-quatre hommes, femmes et enfants, dont quatorze ont été tués par un coup porté à la tête. La tombe du site d'Asparn-Schletz, en Autriche, contient plus de 300 corps, tandis qu'une autre, à Herxheim, en Allemagne, en compte plus de 500. Les cimetières du début du Néolithique sur l'île Tévic (en France), à Vedbaek (au Danemark), et à Skateholm I (en Suède), qui offrent un témoignage complet des causes de décès, indiquent qu'environ 15 % des Européens du Néolithique ont eu une mort violente. Les données probantes indiquent que les guerres et les massacres étaient monnaie courante – Dr Zéro devait donc être habitué à d'effroyables blessures crâniennes.

C'est peut-être en nettoyant des crânes fendus que Dr Zéro a eu l'idée des trépanations. En examinant des fragments de crânes, il est possible qu'il ait constaté que toute blessure atteignant la matière grise était invariablement fatale. Il a peut-être ensuite remarqué que les victimes avec un crâne cabossé souffraient d'une série de symptômes aggravants, tels que des vomissements, une certaine confusion, une incapacité à parler, une paralysie partielle, et finalement la mort, tandis que ceux avec des blessures ouvertes se rétablissaient plus souvent.

Enfin, Dr Zéro a dû arriver à l'incroyable conclusion que dans le cas de traumatismes crâniens importants, un trou dans le crâne améliorait les chances du patient. Et lorsqu'il s'est à nouveau retrouvé face à ces horribles symptômes, il a dû prendre la décision radicale de percer lui-même un trou. C'est exactement ce que ferait un hôpital moderne aujourd'hui.

L'instant où un chirurgien fait glisser son scalpel sur la peau d'un patient est un moment dramatique, même dans une salle d'opération moderne. Une fois que le chirurgien a incisé la peau du patient, il se donne corps et âme dans l'acte, et opère dans l'espoir que les blessures qu'il inflige seront, en fin de compte, meilleures que l'alternative.

Dr Zéro a certainement réalisé la première incision de l'humanité avec une lame en silex ou en obsidienne, pouvant être aussi aiguisée qu'un outil chirurgical moderne. Il a dû commencer par retirer une partie du cuir chevelu, ce qui a probablement causé d'importants saignements et une certaine douleur, mais qui a pu être réalisé rapidement. Une fois passé le cuir chevelu, il a dû commencer son travail sur l'os, qui n'aurait pas entraîné de douleur pour le patient, car le crâne est dépourvu de nerfs. L'une des raisons pour lesquelles la trépanation a pu être une opération chirurgicale ancienne commune est l'aisance relative pour le chirurgien et le patient. La chirurgie pratiquée sur les organes ou les tissus mous aurait entraîné d'abondants saignements et d'importants risques d'infection, tandis que la trépanation est une opération relativement simple.

John Verano précise que les chirurgiens anciens utilisaient plusieurs méthodes pour trouer le crâne, mais la plus efficace d'entre elles, au vu du taux de survie, était la méthode du grattage-raclage. Au lieu de forer dans l'os et de risquer de percer la dure-mère, Dr Zéro a peut-être utilisé cette méthode qui consiste à éroder le crâne du patient par de petites incisions.

Après avoir retiré une partie du crâne, Dr Zéro s'est trouvé face à une mare de sang coagulé, comme une sorte de gelée – appelée hématome sous-dural – exerçant une pression sur la dure-mère. Une fois cet hématome enlevé pour alléger la pression, les résultats ont dû être spectaculaires. Les neurones du patient à la surface de son cerveau se sont de nouveau embrasés, la confusion, la paralysie et les bredouillements ont cessé, et tous les témoins ont dû croire à un miracle. Contrairement aux craniotomies modernes, il était impossible de consolider le crâne avec une plaque en titane, et le patient quittait donc l'opération avec un trou dans la tête. Mais le cuir chevelu finissait par cicatriser au-dessus et certains patients vivaient encore plusieurs années.

Au fil du temps, il semblerait que le succès des trépanations soit devenu une malédiction, car celles-ci furent visiblement prescrites avec excès. Quelques crânes conduisent à penser que les chirurgiens ont pratiqué des trépanations lorsqu'elles n'étaient pas indiquées. Dans le cas d'une enfant trépanée au Pérou, les archéologues ont constaté une inflammation dans le crâne symptomatique d'une infection de l'oreille moyenne. La douleur aiguë ressentie par l'enfant semble avoir incité le chirurgien à trépaner, puisqu'il a incisé le crâne dans la zone de l'infection. Malheureusement, non seulement la trépanation a dû être inefficace, mais elle a sans doute également aggravé son état. Le trou a certainement permis à l'infection de se propager sur la dure-mère, entraînant probablement un cas fatal de méningite bactérienne. L'absence de régénération de l'os crânien indique que l'enfant n'a pas survécu.

Même lorsque l'opération était justifiée, les perspectives postopératoires à long terme n'étaient pas totalement positives pour de nombreux patients du Dr Zéro. Les fractures crâniennes critiques qui nécessitent une trépanation peuvent avoir des conséquences durables pour les survivants. D'après une étude publiée dans la revue *Neurology* en 1985, plus de la moitié des victimes de blessures crâniennes pénétrantes ont fini par développer de l'épilepsie. L'apparition des crises pourrait expliquer pourquoi Dr Zéro trépanait ses patients une seconde fois, mais la trépanation est malheureusement inefficace contre l'épilepsie, et les patients ont dû finir par mourir.

Quand Dr Zéro a rendu l'âme, les membres de sa communauté l'ont peut-être honoré d'une cérémonie ou de cadeaux funéraires. Il s'agissait généralement de bandeaux, de colliers et d'outils, mais les citoyens d'Ensisheim ont peut-être déposé autre chose près du Dr Zéro, comme un morceau d'obsidienne taillé : le premier scalpel de l'histoire.

Qui a été le premier à monter à cheval ?

Si l'existence de notre espèce sur Terre était condensée en une journée, ceci se serait produit 27 minutes avant minuit.

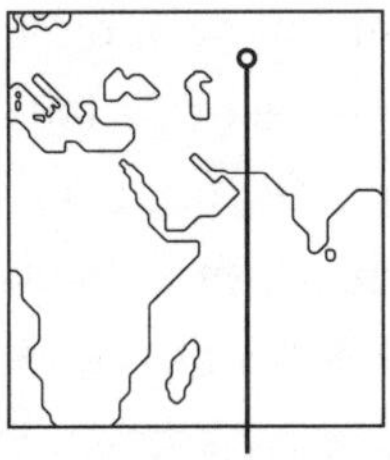

Domestication du cheval, il y a 5 600 ans

En 2006, sur un site archéologique du nord du Kazakhstan, lieu de vie d'une culture ancienne appelée culture de Botaï, l'archéozoologue Sandra Olsen et son équipe fouillaient dans les déchets d'anciens humains quand ils sont tombés sur une épaisse couche de fumier de cheval datant de 5 600 ans – une mine d'or pour un historien spécialiste du cheval.

Aucune culture passée ou présente n'ayant jamais pris la peine de jeter les déjections d'animaux sauvages, la découverte de Sandra Olsen constitue la première preuve de la domestication du cheval. Une fosse à déchets de la culture de Botaï contenant du fumier du cheval est l'équivalent d'une poubelle moderne contenant des excréments de chien et de chat, mais aucune déjection d'ours. Si un futur historien venait à la découvrir, il en conclurait que nous vivions avec des chiens et des chats, mais pas avec des ours.

Le fumier de cheval du campement Botaï est la plus ancienne preuve de domestication du cheval par les humains, mais de nombreux chercheurs soupçonnent les Botaï d'avoir acquis leurs chevaux auprès de cultures d'éleveurs plus anciennes installées plus à l'ouest et qui avaient un passé de domestication animale. Qui a domestiqué le cheval en premier ? La question fait toujours débat parmi les spécialistes.

Ce qui ne fait plus débat, c'est ce à quoi ils ont d'abord servi. Ils n'étaient pas une monture, mais de la nourriture. Les chevaux étaient une source de viande et de lait, et ils étaient très prisés par les cultures des hautes steppes pour leur capacité à brouter à travers la neige, ce dont leur bétail était incapable. Aucune trace n'indique que ces premiers « domestiqueurs » ont enfourché leurs chevaux, probablement parce qu'ils n'avaient aucun moyen de les contrôler. Ils n'avaient pas de selle, pas d'étriers et, plus important encore, pas de bride. Sans aucun moyen de tourner et de s'arrêter, monter à cheval aurait été une expérience brève dont l'issue aurait pu être quelques os cassés. Il est possible que quelqu'un l'ait fait à l'occasion, plutôt comme une cascade, mais les chevaux non bridés auraient été semblables à une moto sans guidon : une expérience palpitante, mais un piètre moyen de locomotion.

C'est là que les Botaï ont changé la donne.

En 2009, en travaillant sur un site archéologique de la culture Botaï, l'anthropologue David Anthony a découvert des dents de cheval curieusement érodées. Aux côtés de l'empreinte de pas de Neil Armstrong sur la Lune et des traces de roues sur les premières routes en Allemagne, ces dents font partie des incroyables preuves physiques des moments les plus importants de l'histoire des transports humains.

L'égratignure – correspondant à quelques copeaux retirés des premières molaires du cheval – correspond exactement, comme David Anthony l'a déterminé par la suite, aux dommages caractéristiques causés lorsque le cheval manipule sa bride.

Des dents de cheval usées sont peut-être moins impressionnantes que des empreintes de pas dans la poussière lunaire, mais elles prouvent que pour la première fois dans l'histoire humaine, quelqu'un s'est déplacé sur la terre ferme plus vite que ses jambes ne le lui permettaient.

L'individu qui a inventé la bride n'a pas simplement amélioré le transport terrestre – il l'a inventé.

Qui a été le premier à monter à cheval ?

Je l'appellerai Napoleon, en hommage à Napoleon Cybulski, le physiologiste polonais qui a été le premier à isoler l'adrénaline, car cette molécule a certainement joué un rôle essentiel dans cette histoire.

Napoleon est né dans le nord du Kazakhstan actuel il y a un peu moins de 6 000 ans, à l'époque où, à plusieurs milliers de kilomètres à l'ouest, le bronze était forgé pour la première fois, les premières villes voyaient le jour et les scribes gravaient même certains des premiers mots sur des tablettes d'argile. Mais Napoleon ne savait rien de ces développements. Il était membre des Botaï, une culture complètement et singulièrement obsédée par le cheval. Quand il n'élevait pas ses chevaux domestiqués et parqués dans un enclos, il chassait les chevaux sauvages à pied. La viande de cheval constituait l'essentiel de son régime et le lait de jument composait la majeure partie de ses boissons. Il buvait du lait de jument le matin, puis le laissait fermenter pour en faire du koumis, une boisson alcoolisée acidulée qu'il buvait le soir. Il ne s'occupait d'aucune culture ni d'aucun autre animal à l'exception du chien. Il utilisait des os de chevaux pour fabriquer ses outils, du crin pour faire de la corde et des peaux de chevaux pour faire du cuir ; et, à sa mort, sa famille l'a très certainement enterré aux côtés d'un cheval.

D'après David Anthony, si Napoleon est monté à cheval avant d'inventer la bride, l'expérience a probablement été brève et semblable à un rodéo. Le genre d'activité à laquelle pourrait s'adonner un adolescent casse-cou dont le cortex préfrontal n'est pas tout à fait développé. S'il vivait à notre époque, Napoleon aurait probablement des rendez-vous fréquents chez le médecin. Les psychologues vous diraient que les situations nouvelles le surexcitent. Et n'importe qui d'autre le qualifierait simplement d'accro à l'adrénaline.

Les chevaux sur lesquels Napoleon s'est aventuré, bien que dangereux à monter, étaient déjà domestiqués. Au gré de milliers d'années de sélection artificielle, ils étaient devenus apprivoisés et habitués aux humains. Si les spécialistes ignorent quand, où et comment ce processus a commencé, la plupart des paléozoologues pensent aujourd'hui que la domestication a commencé accidentellement, lorsque les cultures de la steppe ont parqué des chevaux sauvages près de leurs campements pour disposer de réserves de viande. Progressivement, à force de tuer les plus sauvages, trop difficiles à gérer, et d'élever les plus apprivoisés, les humains ont rendu l'espèce plus docile.

La domestication est extrêmement rare dans le règne animal. D'après le géographe Jared Diamond, elle n'est possible que si un animal possède six caractéristiques comportementales et biologiques différentes. Premièrement, écrit-il, le candidat à la domestication ne doit pas être en concurrence avec l'homme pour se nourrir. Il doit manger des restes, comme le cochon, ou, mieux encore, manger quelque chose que les humains ne peuvent pas manger, comme l'herbe. Deuxièmement, le candidat doit aussi pouvoir se reproduire en captivité. Si, comme le guépard, l'animal doit réaliser de longues courses ou des démonstrations territoriales élaborées pour pouvoir s'accoupler, la domestication est irréalisable. Troisièmement, l'animal doit atteindre la maturité rapidement pour que les humains puissent le dresser et en tirer profit efficacement. Quatrièmement, il doit s'agir d'un animal de meute avec une hiérarchie sociale, comme les chiens. Les animaux de meute ont une prédisposition génétique à l'asservissement, et les humains peuvent prendre la place d'un chef de meute. Cinquièmement, l'animal ne doit pas être nerveux ni posséder un fort instinct le poussant à prendre la fuite. Ce critère élimine les animaux tels que la biche. Enfin, contrairement au zèbre, l'animal doit être naturellement docile, ou pouvoir être élevé pour le devenir. L'agressivité intraitable du zèbre, en dépit de l'élevage sélectif, a fait de lui un candidat non viable pour la domestication, malgré les tentatives que les archéologues supposent nombreuses.

Le faible nombre d'animaux domestiqués avec succès témoigne de la rareté de cette combinaison. Les humains n'ont domestiqué aucun animal d'une quelconque importance (avec tout le respect que nous devons à l'autruche) depuis 2 000 ans, et la majorité de la viande du monde provient d'à peine trois espèces domestiquées. Même dans le cas du cheval, sa domestication a peut-être reposé sur la découverte d'un seul étalon exceptionnellement docile. Si les juments suivent naturellement l'étalon dominant au sein de la harde, les étalons sauvages sont hostiles et se battent contre d'autres étalons pour les femelles. Ils ne sont pas des suiveurs naturels, et sont, par défaut, occupés à chercher un groupe de femelles ou à le mener. Ils auraient eu beaucoup de mal à s'adapter à l'enclos, et des tests génétiques réalisés sur des chevaux modernes donnent à penser que si de nombreuses juments sauvages se sont reproduites dans la population domestiquée, il n'y a peut-être eu qu'un seul « Adam ». Cet étalon était probablement un animal plus calme, dont le comportement lui avait certainement valu peu d'accouplements fructueux à l'état sauvage, mais qui rencontrait bien plus de succès dans les premiers enclos.

À l'époque de Napoleon, les chevaux avaient été domestiqués depuis d'innombrables générations. Mais sans moyen de les contrôler, les chevaux n'étaient qu'une source de nourriture et de matières premières avant que Napoleon n'invente la bride.

La première bride était certainement de la forme la plus simple, que l'on appelle aujourd'hui une « bride sans mors », et qui n'est rien d'autre qu'une lanière de cuir enroulée autour de la mâchoire inférieure du cheval et maintenue en place par un morceau de bois. Cette ingénieuse invention permet de guider discrètement le cheval grâce à un espace entre ses incisives et ses prémolaires, où une sangle (ou de nos jours, un morceau de métal) peut s'intercaler sur la gencive. Lorsqu'elle est tirée, la corde pince la gencive du cheval, qui tourne par réflexe sa tête et son corps du côté de la tension pour soulager la douleur.

C'est un outil simple qui peut être d'une grande efficacité. Les membres des tribus amérindiennes des Grandes Plaines utilisaient des brides sans mors et n'avaient pas de selles, et étaient considérés comme certains des meilleurs cavaliers du monde.

Mais la simplicité du design dissimule la complexité du concept. Napoleon était peut-être un imbécile quand il s'agissait de sa sécurité, mais il était ingénieux concernant les chevaux. Il n'existe aucun équivalent clair de la bride chez les autres animaux qu'il connaissait. La bride n'a pas pu être transposée depuis le bétail ou les moutons, qui ont des bouches de structures différentes. Imaginer d'où lui est venue l'idée relève de la spéculation. Il a probablement essayé de placer la corde de toutes les manières possibles pour contrôler sa monture avant de tomber sur l'espace édenté entre les incisives et les prémolaires du cheval. L'explication la plus plausible de la découverte de Napoleon est peut-être simplement une connaissance approfondie de l'anatomie des chevaux. Peut-être que, même au sein d'une culture connue pour son obsession pour le cheval, Napoleon sortait du lot.

L'épiphanie de Napoleon n'a pas d'égal dans l'histoire des transports humains. En inventant les freins, Napoleon a inventé la vitesse. Grâce à sa corde idéalement placée, les humains sont devenus rapides, et monter à cheval est resté le moyen de locomotion le plus rapide pour les humains pendant plus de 5 000 ans. Le cavalier n'avait aucun rival jusqu'au 28 août 1830, lorsque le train à vapeur Tom Thumb a finalement fait mieux que l'invention de Napoleon.

Comme on peut aisément l'imaginer, la vitesse a transformé en profondeur la vie sur les steppes.

David Anthony pense que les Botaï ont commencé à monter des chevaux dans le but de chasser d'autres chevaux, améliorant ainsi considérablement leur productivité et modifiant aussi la structure de la culture. Quand les Espagnols ont introduit les chevaux domestiqués en Amérique au XVIe siècle, ils ont déclenché une course entre les Amérindiens des plaines. Comme l'a écrit un commerçant de l'Ouest américain en 1851 : « Les hommes à pied ne peuvent pas vivre, même dans un pays riche en gibier, dans le même camp que ceux qui possèdent des chevaux. Ces derniers atteignent le gibier, prennent ce qu'ils veulent et l'emmènent hors de portée des premiers. »

Le cheval et sa vitesse ont eu un autre effet, plus sournois, pour les villageois des steppes. Avant l'invention de Napoleon, le moment le plus dangereux d'une attaque était la fuite. Un pilleur pouvait prendre sa cible par surprise et voler ses biens, mais s'enfuir en courant pendant que la victime armée le prenait dans son viseur posait un sérieux problème. Avec la bride, les chevaux sont devenus les premiers véhicules de fuite, donnant ainsi l'avantage au pilleur dans le rapport de force, explique David Anthony.

Ceci eut des conséquences dangereuses et néfastes. Sans traces écrites, il est difficile de confirmer une hausse des raids dans l'Asie centrale après Napoleon, mais des murs de défense élaborés sont étonnamment apparus autour des villages des steppes en parallèle de l'introduction de l'équitation. En inventant la bride, Napoleon a peut-être aussi inventé un permis de piller, et la vie dans les steppes a probablement pris une tournure inquiétante.

Au départ, les guerriers à cheval n'utilisaient leurs montures que comme moyen de transport pour se rendre sur le champ de bataille et en revenir, et ne les emmenaient pas au combat, en grande partie parce que leurs armes n'étaient pas adaptées. Il aura fallu près d'un millénaire pour que la culture de Sintachta des steppes russes invente la cavalerie en mettant au point le char. Des innovations ultérieures portant sur l'arc ont permis aux cavaliers de Gengis Khan de chevaucher et de tirer leurs flèches à dos de cheval, ce dont il s'est servi pour terroriser toute l'Asie. Les chevaux ont continué de jouer un rôle majeur dans les batailles pendant près de 6 000 ans – des raids de Napoleon à la charge des cavaliers polonais à Krojanty au début de la Seconde Guerre mondiale.

Mais le principal changement sociétal résultant de la bride reste peut-être la réaffectation des ressources et l'émergence de la classe, du statut et de sociétés stratifiées. Puisqu'un gardien de troupeaux à cheval peut contrôler deux fois plus de moutons ou de bétail qu'un gardien à pied, la propriété, le pouvoir et la richesse ont commencé à se concentrer chez une minorité d'individus au sein des cultures d'élevage. Après l'invention de la bride, les archéologues constatent une hausse spectaculaire d'objets funéraires sophistiqués – le principal indicateur archéologique d'inégalités de revenus.

Napoleon lui-même a fini par trouver le chemin d'une de ces tombes, peut-être à cause d'un freinage d'urgence raté. En inventant la vitesse, Napoleon n'a pas fait qu'inventer une nouvelle manière de vivre, mais aussi une nouvelle manière de mourir. Et l'évolution n'ayant pas sélectionné des Homininés pour leur peur de la vitesse, comme elle l'avait fait pour la peur des serpents ou du vide, Napoleon n'était pas équipé pour comprendre les risques de son invention. Il est possible que Napoleon – ce génie téméraire et frimeur – soit tombé de son cheval en plein galop. Et l'inventeur de la vitesse a peut-être été l'un des premiers à en mourir.

Qui a inventé la roue ?

Si l'existence de notre espèce sur Terre était condensée en une journée, ceci se serait produit 25 minutes avant minuit.

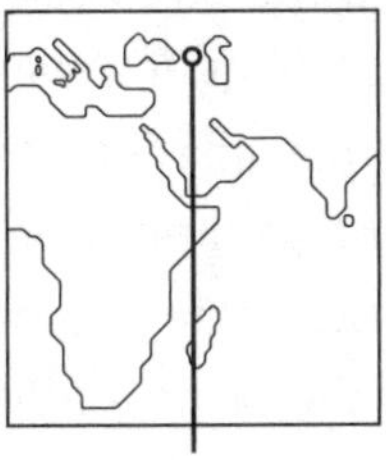

Première roue, il y a 5 400 ans

Plusieurs centaines de milliers d'années avant l'invention de la roue, un Homininé malchanceux a marché sur un morceau de roche ou un rondin instable, et – juste avant de s'ouvrir le crâne – a découvert qu'un objet rond réduisait la friction avec le sol.

L'existence de ce moment de lucidité ne fait aucun doute et explique l'omniprésence de rouleaux, des rondins placés sous des objets lourds, dans les temps anciens. Les Égyptiens et les Mésopotamiens les ont utilisés pour déplacer leurs lourds matériaux pour construire des pyramides, et les Polynésiens pour déplacer les moaï, ces statues de pierre monumentales, sur l'île de Pâques. Mais les rouleaux ne sont pas d'une grande efficacité, puisqu'ils doivent être remplacés au fur et à mesure de l'avancée. La solution – et l'éclair de génie – était l'essieu. Mais malgré l'omniprésence des rouleaux, il semblerait que personne, nulle part, n'ait découvert la roue et l'essieu avant un ingénieux potier il y a environ 6 000 ans.

Le plus ancien essieu jamais découvert n'est ni un chariot ni une charrette, mais un tour de potier trouvé en Mésopotamie. Une machine *a priori* simple, et la première preuve que quelqu'un a compris que le centre d'un disque en rotation restait immobile et s'en est servi à des fins mécaniques. C'est une observation extrêmement ingénieuse et si innovante qu'il est difficile de savoir d'où l'idée est venue – peut-être d'une perle tournant autour d'une ficelle ? – étant donné qu'il n'existe aucun corollaire dans la nature. L'essieu est un axe qui relie des roues, et de nombreux spécialistes le considèrent comme l'une des plus grandes inventions mécaniques de l'histoire de l'humanité.

Il reste pourtant un grand bond intellectuel à faire pour que le tour de potier devienne un ensemble de roues sur un objet roulant. L'assortiment complet semble avoir d'abord été inventé par une mère potière ou un père potier, car les plus anciens essieux au monde sont en argile, mesurent cinq centimètres de long et sont placés sous des figurines animales roulantes.

Autrement dit, le premier véhicule à roues était un jouet.

Comme mentionné précédemment, les archéologues sont généralement réticents à décrire tout objet ancien comme un jouet, mais, dans le cas présent, les preuves laissent peu de place au doute.

En juillet 1880, l'archéologue Désiré Charnay a découvert le premier ensemble de roues précolombien sur le continent américain. Il s'agissait d'une petite figurine en forme de coyote montée sur quatre roulettes, trouvée dans la tombe d'un enfant aztèque au sud de Mexico.

Comme le suppose Désiré Charnay dans son livre *Les Anciennes Villes du Nouveau Monde*, le jouet a certainement été déposé là par une mère aimante qui l'a enterré avec son enfant bien-aimé.

L'enfant aztèque a vécu des milliers d'années après l'inventeur dans les hautes steppes, mais avant que les Européens ne débarquent en Amérique avec leurs roues, ce qui laisse à penser que, dans le Nouveau comme dans l'Ancien Monde, une mère potière ou un père potier a indépendamment inventé la roue et l'essieu pour fabriquer un jouet.

Les archéologues avec lesquels j'ai discuté ont du mal à croire qu'une idée si remarquable ait pu voir le jour pour quelque chose d'aussi trivial qu'un jouet. Les ingénieurs, en revanche, n'ont aucun mal à y croire. Au contraire, ils pensent qu'il aurait été bien plus étonnant que la première roue et le premier essieu apparaissent sur un chariot de deux cents kilos. Les grandes inventions sont presque toujours précédées de plus petites versions, aujourd'hui appelées modèles ou prototypes. Elles sont plus rapides et plus simples à construire, et permettent à l'inventeur d'identifier rapidement les problèmes potentiels et de trouver des solutions.

Mais aussi ingénieux que fût cet inventeur, il n'a pas entraîné de révolution sociétale avec son jouet. Celui qui a mis au point l'ensemble de roues à grande échelle quelques centaines d'années plus tard, si.

Le premier chariot grandeur nature est apparu il y a environ 5 400 ans, et a peut-être été la première invention à se propager. Les archéologues ont découvert des charrettes pleine grandeur aussi bien dans le sud de l'Irak qu'en Allemagne, à quelques centaines d'années d'écart les unes des autres, à une époque où les barrières culturelles étaient particulièrement imperméables. Le chariot était, semble-t-il, irrésistiblement utile.

Quand j'ai interrogé David Anthony, anthropologue et auteur de *The Horse, the Wheel, and Language*, sur les causes de cette croissance virale, il a répondu que la raison se trouvait peut-être en partie dans la taille des chariots : « Il s'agissait probablement des plus grosses machines en bois que personne n'ait jamais vues », indique-t-il. Elles étaient sûrement bruyantes et lentes. Et elles étaient mises en mouvement par un attelage de bœufs, qui faisaient eux-mêmes partie des plus gros animaux de la steppe.

L'invention du chariot était l'équivalent préhistorique de l'invention de Spoutnik ; elle n'est pas passée inaperçue. Étant donné que deux des plus anciennes roues découvertes par les archéologues sont de conceptions considérablement différentes – l'une possède un essieu fixé à la roue, comme sur un train moderne, tandis que l'autre tourne librement sur l'essieu, comme une voiture moderne –, David Anthony avance que certains constructeurs de chariots ont copié ce qu'ils voyaient de loin sans être capables de l'examiner de près.

L'invention et l'adoption généralisée du chariot ont eu des répercussions immédiates et spectaculaires sur les sociétés à travers le Moyen-Orient et l'Europe. La productivité agricole a considérablement augmenté et ainsi transformé le paysage. Là où des équipes entières étaient autrefois nécessaires pour déplacer de lourds chargements d'engrais, de graines et de récoltes, le chariot offrait la possibilité d'une entreprise unifamiliale. Les populations jadis agglomérées près des rivières ont alors explosé sur la steppe fertile et pourtant inexploitée. Le chariot a transformé des économies, des modes de vie, des guerres et même des langues. « On ne saurait exagérer l'importance sociale et économique du premier moyen de transport sur roues », écrit David Anthony.

La roue a peut-être bien commencé par une version miniature, mais cette version n'a pas changé le monde. Le modèle à taille réelle, si. Et il fallait un autre génie pour réaliser cette mise à l'échelle. David Anthony pense que la roue et l'essieu pleine grandeur ont demandé un savoir-faire si délicat qu'ils étaient impossibles à concevoir avec des outils en pierre, et n'ont pu être construits qu'à l'aide de gouges et de poinçons que les métallurgistes commençaient tout juste à fabriquer. Enfin, la roue n'a pas pu être conçue en plusieurs étapes, ce qui signifie qu'un individu a construit la première dans son intégralité.

On ignore l'identité de l'inventeur de la première roue pleine grandeur, devenue un cliché de l'inconnaissable, mais de récentes reconstructions de langues mortes ont apporté un nouvel indice de taille qui rapproche plus que jamais les spécialistes du mystérieux inventeur.

Qui a construit le premier véhicule à roues grandeur nature ?

Je l'appellerai Kweklos – ou Kay, pour faire plus court – car c'est le mot qu'il aurait utilisé, d'après les paléolinguistes, pour dire « roue ». Dans sa langue, *kweklos* vient du verbe « tourner », ce qui signifie qu'il appelait son invention, de façon très appropriée, « le tourneur ». Et je ferai de Kay un homme, car le premier conducteur connu est un homme qui a été enterré sur son chariot, à l'est de la mer Noire.

Kay est né il y a environ 5 400 ans, une date bien étayée, grâce à la popularité de l'invention de Kay. Les chariots et les références qui en sont faites explosent en effet dans les archives archéologiques du Moyen-Orient à l'Europe de l'Ouest, à quelques générations d'écart.

Mais si la date de naissance de Kay a pu être déterminée, le lieu de sa naissance soulève encore des débats animés parmi les spécialistes. David Anthony m'indique que le chariot « s'est répandu si vite qu'il est impossible d'identifier une première date claire et évidente. » À l'heure actuelle, deux roues de chariot pleine grandeur se disputent la place de la plus ancienne roue découverte par les archéologues. L'une provient d'un marais slovène à Ljubljana ; la deuxième d'une tombe de l'incroyable culture Yamna à l'est de la mer Noire, dans le Caucase du Nord, en Russie, où les archéologues ont trouvé non pas une roue, mais un chariot entier sur lequel était assis le squelette d'un homme d'une trentaine d'années.

L'archéologie n'est pas la science appropriée pour identifier l'emplacement d'inventions virales. Il existe néanmoins des raisons linguistiques qui laissent supposer que l'homme de la culture Yamna enterré avec son chariot a pu vivre près du site où l'invention est née. De nombreux paléolinguistes pensent que les Yamnayas parlaient une langue appelée proto-indo-européen (PIE), et les reconstructions de cette langue morte depuis bien longtemps laissent entendre qu'il s'agirait de la langue maternelle de l'inventeur de la roue.

« Le vocabulaire des roues montre que la plupart des mots pour les roues et les essieux ont été créés par des locuteurs du PIE à partir de leurs propres verbes et noms », explique David Anthony. Par exemple, le terme proto-indo-européen pour « essieu » (*aks*) était tiré du mot PIE pour « épaule », ce qui signifie que les locuteurs du PIE utilisaient un mot de leur propre langue plutôt que celui d'une langue étrangère pour nommer la roue et le char.

Il s'agit là d'un fait crucial, car lorsque des cultures adoptent une technologie étrangère, elles adoptent aussi généralement la terminologie de la culture d'origine. Par exemple, quand les Espagnols ont rapporté des plants de tabac des Caraïbes, ils ont conservé le mot taïno « tabako ». Les reconstructions du vocabulaire de la roue permettent de croire – sans toutefois prouver – que Kay était un Yamnaya parlant le PIE, comme l'homme enterré avec son char dans le sud-ouest de la Russie.

Kay était agriculteur et éleveur. Il avait des chiens, des chevaux et des moutons, et portait peut-être certains des premiers vêtements de laine. Il dégustait de l'hydromel, une boisson alcoolisée au miel, élevait des bovins et buvait leur lait. Il vivait dans une maison longue au sein d'une petite communauté agricole certainement installée près d'une rivière.

Les données linguistiques laissent entendre que Kay vénérait un dieu du ciel masculin, sacrifiait des vaches et des chevaux en son honneur, et vivait dans un village comptant des chefs et des guerriers. L'ADN des Yamnayas indique que Kay devait avoir les yeux marron, les cheveux foncés – avec toutefois une faible probabilité de cheveux roux – et une peau assez mate. La taille moyenne des hommes de la culture Yamna était d'environ 1,80 mètre, et la musculature de Kay était certainement très développée par des années de dur labeur dans son champ.

La plupart des détails sur la personne qu'était Kay sont évidemment spéculatifs, mais une chose est sûre : le constructeur du premier chariot était un génie des travaux manuels. Il n'y a pas d'autre explication possible. Transposer un jouet en chariot à taille réelle implique de résoudre toute une série de problèmes d'ingénierie, de design et de menuiserie. Pour certains spécialistes, dont David Anthony, ce n'est pas une coïncidence si les métallurgistes ont commencé à mouler des outils en cuivre seulement quelques générations avant l'apparition du premier chariot. Ils pensent que l'artisanat spécifique nécessaire à la construction d'une roue fonctionnelle aurait été impossible avec des outils en pierre.

La partie la plus critique de la roue, écrit Steven Vogel, auteur de *Why the Wheel is Round*, est la fixation de l'essieu. S'il est trop serré, le chariot est inefficace, s'il est trop lâche, la roue bringuebale et se brise. Le problème ne se serait pas manifesté avec la version miniature de la roue et de l'essieu, et les modèles réduits n'auraient pas nécessité le ratio adéquat entre le diamètre et la longueur de l'essieu. Trop épais et l'essieu crée trop de frottements ; trop fin et il se casse sous le poids du chargement.

Puis il y aurait eu la question de la roue elle-même, qui est un système étonnamment complexe. Si Kay avait coupé comme un salami un arbre tombé pour faire sa roue, il aurait rapidement échoué. Le problème, d'après Steven Vogel, est la direction du grain, qui, dans une tranche de bois coupée comme du saucisson, ne peut soutenir de poids sur ses bords. Sous la pression, le bois se déformerait rapidement. La solution de Kay – comme en témoignent les premiers designs de roues – a été de construire une roue à partir de plusieurs planches coupées verticalement. Kay a ensuite dû soigneusement assembler ces planches, puis les façonner pour leur donner la forme d'une roue parfaitement ronde.

La taille des roues de Kay était aussi cruciale. Trop petites, et le chariot n'aurait pu venir à bout des nids-de-poule ; trop larges, et le véhicule déjà lourd se serait immobilisé.

Le génie du travail de Kay ne tient pas à une de ces réalisations en particulier, mais à toutes. Le chariot, comme le note David Anthony, n'a pas pu être monté par étapes. C'est tout ou rien. Soit il fonctionne, soit il ne fonctionne pas. Mais même avec le génie créateur de Kay, sa roue aurait été inutilement énorme sans les bœufs.

Le bétail a commencé par des aurochs sauvages, que les Natoufiens de Turquie ont ensuite domestiqués il y a environ 10 000 ans. Au départ, les Natoufiens les exploitaient uniquement pour leur viande et leur lait, mais vers le début du quatrième millénaire avant Jésus-Christ, la culture de Maïkop, vivant dans l'Ukraine actuelle, a commencé à castrer les mâles et à les utiliser comme animaux de trait. Le processus consistant à transformer les bovins en bœufs castrés et obéissants et à les soumettre à l'attelage ne devait pas être des plus agréables. « Cela représentait un tout nouveau degré de domestication, écrit l'archéologue Sabine Reinhold, bien plus poussé que les précédentes intrusions dans les modes de vie des animaux. » Ce processus impliquait la castration, de la violence et d'énormes souffrances. Les animaux « deviennent léthargiques, poursuit la spécialiste. On les brise psychologiquement. »

Les bœufs n'étaient pas les seuls à souffrir. Pour preuve, le conducteur de chariot de la culture de Yamna découvert par les archéologues avait souffert de vingt-six fractures osseuses distinctes au cours de sa vie, en plus d'arthrose dans sa colonne vertébrale, ses côtes et ses pieds. Sa vie fut une vie brutale, mais pas inhabituelle. Nombre des Yamnayas enterrés avec leurs chariots présentaient de multiples os cassés, notamment au niveau des mains et des pieds, probablement parce qu'installer l'attelage sur les bœufs constituait un violent combat entre l'homme et l'animal. Les Maïkop enterraient les membres de leur communauté avec des bovins portant un anneau dans le nez, ce qui, pour certains archéologues, était une manière de célébrer leur dominance sur la bête.

Quand Kay a attelé pour la première fois ses bœufs à son chariot d'un mètre de large pour deux mètres de long, pesant plusieurs centaines de kilos, composé de pièces de bois grinçantes, et qu'il les a mis au pas pour traîner son engin, il a changé l'agriculture à tout jamais. Ce qui demandait jadis tout un village pour déplacer les lourds chargements d'une ferme ne demandait désormais plus qu'une famille avec un chariot et un attelage de bœufs.

De ce fait, les familles de la culture de Yamna utilisant leurs chariots comme des habitations mobiles se sont dispersées loin de leurs villages agglomérés pour s'aventurer dans les vastes steppes eurasiennes inexploitées, puis au-delà.

Leur empreinte culturelle est visible aujourd'hui encore.

Les Yamnayas sont descendus des hautes steppes à travers l'Europe et l'Extrême-Orient, emportant avec eux leurs chariots, leur culture et leur langue. De nos jours, 45 % de la population mondiale parle une langue descendant du PIE que parlait Kay. Des langues aussi diverses que l'anglais, le grec, le latin, le sanskrit, le portugais, l'espagnol, le suédois, le slovaque, le pashto, le bulgare, l'allemand et l'albanais, pour n'en citer que quelques-unes, trouvent toutes leur origine dans le PIE.

De récentes données ADN soutiennent une conclusion similaire : la culture de Yamna a quitté les steppes et submergé les cultures au sud et à l'ouest. Leurs énormes chariots ont joué un rôle de taille dans leur domination culturelle, mais le plus petit de leurs passagers clandestins en a peut-être joué un encore plus important. Les généticiens ont identifié la bactérie *Yersinia pestis*, une ancienne version du germe responsable de la peste, dans une dent de 5 000 ans trouvée en Russie centrale, et pensent que les Yamnayas ont peut-être involontairement emporté une arme biologique en descendant en Europe.

Kay a peut-être été l'une des premières victimes de la peste. Ou bien est-il mort dans un accident. Après tout, le plus vieux conducteur connu de chariot présente vingt-six fractures osseuses. Quoi qu'il en soit, la popularité immédiate de son invention indique que Kay a peut-être été l'un des rares anciens inventeurs à être reconnu de son vivant. Et puisqu'enterrer les conducteurs avec leurs chariots est devenu la coutume funéraire des Yamnayas, Kay a peut-être été le premier à connaître cet honneur.

Qui était le meurtrier du premier mystère criminel ?

Si l'existence de notre espèce sur Terre était condensée en une journée, ceci se serait produit 25 minutes avant minuit.

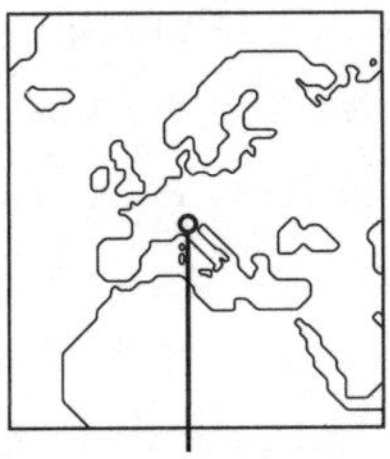

Première scène de crime, il y a 5 300 ans

Les premières lueurs de l'aube venaient juste d'apparaître quand l'homme vit sa cible quitter le village au pied des Alpes italiennes. Il l'observa se frayer un chemin dans les contreforts boisés et attendit qu'il disparaisse en haut de la montagne, puis rassembla son équipement en silence.

Il enfila ses sous-vêtements en cuir de mouton et son pantalon en peau de chèvre et ferma la ceinture de son manteau en herbe et peau de mouton. Il fourra du foin frais dans ses bottes de cuir, mit dans son sac à dos à ossature en bois un peu de viande de bouc séchée, glissa un couteau en silex dans sa ceinture, attacha un carquois en daim sur son dos, passa son arc sur son épaule et partit à la poursuite du premier homme.

Il mesurait 1,67 mètre, était mince et sec, et ses jambes et ses poumons étaient adaptés à l'altitude et au terrain. Il se fraya un chemin dans la montagne avec agilité, ayant passé sa vie entière à sillonner ces pentes abruptes. Il cala son allure sur celle de l'homme, mais n'était pas pressé de le rattraper. Il savait que sa proie emprunterait le sentier au sommet des Alpes de l'Ötztal que la fonte printanière avait récemment dégagé.

À l'instar de sa cible, il évita la vallée densément boisée du val Senales et préféra grimper, descendre, puis grimper à nouveau pour déboucher au sud de ce qu'on appelle aujourd'hui le col de Similaun. En s'approchant de la crête, il put voir une fine volute de fumée s'échapper d'une rigole un peu plus loin. Il s'empara de son arc, tira une flèche de son carquois et avança discrètement vers le sommet.

En septembre 1991, deux randonneurs marchant dans les montagnes de l'Ötztal le long de la frontière entre l'Autriche et l'Italie tombèrent sur une scène macabre. L'été inhabituellement chaud avait fait fondre la neige dans un petit fossé le long du col de Similaun, où étaient désormais visibles le bras tordu et le visage grimaçant d'un homme mort. Les randonneurs supposèrent qu'il s'agissait du cadavre d'un individu emporté par les tempêtes de l'hiver précédent et alertèrent les autorités. Mais après avoir libéré la dépouille à coups de marteau-piqueur, les médecins légistes s'aperçurent que la peau congelée du défunt semblait bien plus ancienne – peut-être celle d'un soldat perdu de la Première Guerre mondiale.

Puis ils repérèrent son équipement.

Gisant à côté de l'homme, dans un état de conservation quasi parfait, se trouvait une hache de cuivre des temps anciens. C'était un bel outil préhistorique, rare même à son époque, comme personne n'en avait forgé ou brandi depuis près de cinq mille ans. Les archéologues du monde entier se pressèrent pour examiner la trouvaille, et les journaux locaux surnommèrent l'homme Ötzi, en référence à la chaîne de montagnes où il trouva la mort. Ils déterminèrent que l'homme était décédé environ 2000 ans avant Toutankhamon.

En soi, l'âge d'Ötzi n'était pas particulièrement remarquable – les archéologues découvrent régulièrement des ossements bien plus anciens. L'état de son cadavre, en revanche, était sans précédent. Un glacier avait glissé sur son corps immédiatement après sa mort, comme une porte de réfrigérateur se refermant sur lui, l'enfouissant dans un petit vallon pendant 5000 ans. Son état de conservation était presque parfait.

Le froid et l'humidité ont permis de préserver son ADN, sa peau, ses ongles, ses organes, ses cheveux, ses globes oculaires et même le contenu de son estomac. Toutes ces informations ont offert aux scientifiques une vision inégalée de la vie des Européens de l'âge du bronze. Aujourd'hui, après plus de vingt ans d'examens continus, le corps d'Ötzi est certainement devenu le cadavre le plus étudié de l'histoire humaine.

Patrick Hunt, professeur d'archéologie à Stanford et membre d'une équipe du National Geographic ayant examiné Ötzi, m'a expliqué que les scientifiques avaient pu déterminer la couleur de ses cheveux et de ses yeux, ainsi que la composition de son ultime repas, identifier la présence de tatouages, d'arthrite articulaire et de nombreux problèmes médicaux. L'étude de l'émail de ses dents leur a permis de savoir dans quelle vallée il était né. En reconstruisant ses cordes vocales, ils ont découvert quel était le son de sa voix – rauque et grave, un peu comme une grenouille-taureau humaine. Et grâce aux pollens retrouvés dans son estomac, les chercheurs ont pu reconstituer l'itinéraire exact qu'il a emprunté dans les montagnes de l'Ötztal lors de sa dernière marche.

Mais le plus intéressant s'est produit près de dix ans après la découverte d'Ötzi par les randonneurs, lorsqu'un scanner réalisé par un radiologue a repéré ce que d'autres avaient manqué : une pointe de flèche en silex enfoncée sous sa clavicule gauche, qui avait au passage sectionné une artère subclavière. Une telle blessure serait mortelle sur une table d'opération moderne, alors imaginez il y a plusieurs milliers d'années sur un col de montagne isolé ! Cette découverte a permis de mettre fin à dix ans de débats sur la cause du décès d'Ötzi. Ce n'était ni la maladie, ni l'hypothermie, ni une chute. Ötzi a été victime d'un homicide.

La violence faisait partie de la condition humaine bien avant que nous soyons devenus humains. Les anthropologues pensaient autrefois que les homicides et les guerres étaient un effet secondaire de l'urbanisation moderne. Selon cette théorie, le meurtre était le résultat d'une promiscuité entre des individus qui ne se connaissaient pas, et les guerres étaient le résultat de l'émergence du pouvoir étatique. Cette théorie a cependant été mise à mal ces dernières années, notamment parce qu'elle se fondait sur deux observations erronées : d'abord, l'idée que nos ancêtres les grands singes étaient relativement pacifiques et que, par conséquent, notre évolution s'est faite vers la violence ; et deuxièmement, une sous-estimation de la violence de notre lointain passé. Ces dernières décennies, les primatologues ont découvert que les chimpanzés s'entretuaient bien plus fréquemment que les humains, et bien que les combats de chasseurs-cueilleurs fassent bien moins de victimes que le massacre organisé de la guerre, leurs populations sont bien plus faibles et leur violence peut être chronique : le taux de violence chez eux est donc équivalent, voire plus élevé que n'importe où ailleurs, à l'exception des villes

les plus violentes du monde moderne. Les anthropologues en sont désormais convaincus, nous nous entretuons avec vigueur depuis le début.

Ce qui est nouveau, en revanche, c'est le tabou croissant qui entoure la violence. La plupart des anciens tueurs étaient félicités plutôt que punis pour leurs homicides. Mais la coopération et l'amabilité étant devenues des critères de survie et de sélection naturelle – un processus que certaines anthropologues appellent l'autodomestication –, l'homicide est devenu tabou, du moins dans certaines situations, et les tueurs risquaient de temps à autre des représailles si leur crime était découvert.

Ainsi est né le concept du mystère criminel.

Les archéologues ignorent quand cette transition a commencé, mais le meurtre d'Ötzi est la première preuve concrète d'un meurtrier tentant de s'en sortir en toute impunité. Après vingt ans d'enquête sur la scène de crime la plus étudiée de l'histoire humaine, les indices laissent désormais supposer qu'Ötzi a été assassiné par quelqu'un qu'il connaissait et qui s'est donné beaucoup de mal pour dissimuler son crime.

Qui a tué Ötzi ?

Appelons-le Juvali, en référence à la région du nord de l'Italie qu'il habitait certainement, et faisons de lui un homme, car 96 % des homicides du monde entier sont aujourd'hui commis par des hommes, d'après un rapport des Nations unies de 2013. Il ne s'agit pas d'un phénomène moderne. D'après l'anthropologue Scott Brown, l'homicide en tant que fait majoritairement masculin est un universel humain qui trouve son origine dans notre lointain passé.

Juvali est né dans une famille d'agriculteurs et d'éleveurs plutôt que de chasseurs-cueilleurs. Ses ancêtres étaient des bergers venus de la Turquie ancienne et qui s'étaient dispersés en Europe, déplaçant lentement les chasseurs-cueilleurs européens par la violence et la maladie, et amenant avec eux un mode de vie sédentaire basé sur des sols labourés, des animaux domestiqués et des villages permanents.

S'il ressemblait à l'Européen moyen du Néolithique, il devait avoir les yeux marron et les cheveux bruns, et vraisemblablement une barbe fine et clairsemée. Il devait mesurer environ 1,67 mètre, la moyenne de l'époque, ce qui, avec sa carrure mince et forte, lui donnait sûrement la morphologie d'un jockey moderne. En raison de son alimentation mal équilibrée qui freinait sa croissance et de son intense rythme quotidien, il devait avoir le haut du corps mince, mais des jambes puissantes, et l'arthrose de quelqu'un ayant passé sa vie à marcher dans les montagnes abruptes de l'Ötztal.

Juvali souffrait sûrement d'une mauvaise santé. Les premiers agriculteurs et éleveurs d'Europe connaissaient de fréquents épisodes de malnutrition, car (contrairement aux chasseurs-cueilleurs, dont l'alimentation équilibrée et diversifiée les protégeait en cas de disparition d'une espèce ou d'une plante) leur survie et celle de Juvali dépendaient de quelques cultures et animaux susceptibles de disparaître en cas d'inondation ou de sécheresse. Même lorsque l'année était bonne, Juvali et ses congénères s'alimentaient considérablement moins bien que les chasseurs-cueilleurs, qui étaient généralement plus grands et en meilleure santé. Juvali vivait aussi aux côtés d'animaux de ferme domestiqués qui attiraient des nuisibles, et pouvaient souiller son approvisionnement en eau et transmettre des virus mortels.

Les maladies graves étaient courantes chez ces anciens agriculteurs. Sur les squelettes de beaucoup d'entre eux, on constate sur leurs ongles de profondes lignes rainurées – appelées lignes de Beau – qui sont le signe de maladies. Il est fort probable que Juvali ait souffert du ver solitaire, d'arthrite, de la maladie de Lyme, ou d'ulcères, autant de maux connus pour avoir rongé les Européens du Néolithique. Son alimentation riche en amidon était probablement à l'origine de beaucoup de caries, tandis que le terrain escarpé devait infliger d'importants dégâts à ses articulations.

Juvali n'était pas totalement sans défense face aux ravages de son mode de vie peu sain. De récentes découvertes ont révélé que ces anciens fermiers pratiquaient une médecine bien plus sophistiquée qu'on ne l'imaginait jusque-là. Il est possible que Juvali ait utilisé des remèdes fongiques antibactériens, comme m'en a informé Patrick Hunt, et qu'il ait piqué du charbon dans ses articulations à l'aide d'une aiguille en os pour apaiser son arthrite.

Les chercheurs ne sont pas certains du métier qu'exerçait Juvali, notamment parce qu'ils ne sont pas sûrs des types de professions qui existaient dans l'Europe de l'âge de bronze. Il y avait sans aucun doute des bergers, des agriculteurs et des chaudronniers. Mais y avait-il des commerçants, des barbiers ou des tailleurs ? Il y a vingt ans, les spécialistes pensaient que les économies de l'Europe néolithique étaient largement basées sur la subsistance, mais un examen attentif des chaussures d'Ötzi suggère l'existence d'une économie locale plus sophistiquée que les experts ne l'imaginaient autrefois.

Ses chaussures ne payent pas de mine. À travers la vitre du Musée archéologique du Sud-Tyrol, en Italie, où j'ai pu les voir, elles ressemblent à des miches de pain évidées et consolidées par de la ficelle. Peu de temps après la découverte d'Ötzi, elles ont pourtant éveillé l'intérêt de Petr Hlaváček, spécialiste de la chaussure et professeur à l'université Tomas Bata de Zlin, en République tchèque. Il a fabriqué des répliques exactes des bottes de marche d'Ötzi, en ficelle et cuir, doublées de foin, pointure 41, et les a testées sur le terrain. Il a glissé sur la glace, les a trempées dans l'eau et les a portées lors de ses longues randonnées dans les montagnes d'Europe. À la suite de ses tests, il a déclaré que les chaussures étaient « un miracle ». Le foin isolant maintenait ses pieds au chaud, même dans la neige, et les semelles en cuir souple offraient une excellente adhérence avec une meilleure distribution de la pression que des chaussures de marche modernes. L'alpiniste tchèque Vaclav Patek les a lui aussi essayées et a déclaré : « Il n'existe aucune montagne en Europe dont ces chaussures ne sauraient venir à bout. » Pour Petr Hlaváček, seul un cordonnier professionnel aurait pu confectionner des chaussures d'une telle qualité, ce qui laisse entendre l'existence d'une diversité de professions dans le village de Juvali.

La sophistication des chaussures et l'existence potentielle de cordonniers montrent que les chercheurs savent encore peu de choses sur les métiers de l'Europe néolithique. Il est donc difficile de deviner celui de Juvali. Mais, selon le scénario le plus probable, Juvali devait être berger.

Garder des troupeaux de moutons et de chèvres était (et reste) l'un des premiers moyens de gagner sa vie dans les contreforts des Alpes italiennes. Aujourd'hui encore, si vous vous baladez dans les Alpes de l'Ötztal, vous entendrez le doux son des clochettes des vaches et des moutons résonner le long des collines. Mais il n'y a pas que les probabilités qui donnent à penser que Juvali était berger. Sa disposition au meurtre est aussi le signe d'un mode de vie de berger, car dans les anciens environnements sans lois, les bergers étaient un groupe particulièrement violent.

Contrairement aux agriculteurs, dont la richesse est ancrée dans les sols, l'épargne d'un berger se tient sur quatre pattes, ce qui en fait une proie vulnérable pour les voleurs. Avant l'application de la loi moderne, la seule défense d'un berger contre le vol était la promesse de violentes représailles. Sans tribunaux équitables pour régler les différends, la solution pour un berger était de surréagir aux menaces et aux vols.

Les conséquences sont visibles même dans l'histoire relativement récente. Dans l'Angleterre médiévale, lorsque les archives fonctionnaient bien mieux que le système judiciaire, le hameau de bergers moyen subissait un taux d'homicides comparable à une zone de guerre actuelle. En 1340, les bergers et fermiers d'Oxford en Angleterre se massacraient les uns les autres à un rythme de 110 assassinats pour 100 000 citoyens. Aujourd'hui, ce taux s'élève à moins d'un pour cent de ce nombre.

Certaines anecdotes archéologiques font allusion à une violence encore plus forte à l'époque de Juvali. Parmi les plus célèbres découvertes archéologiques du monde, beaucoup s'accompagnent de détails effroyables – crânes fracassés, pointes de flèches incrustées, gorges tranchées, ou encore marques de strangulation. L'homme de Kennewick, un squelette vieux de 9 400 ans trouvé près du fleuve Colombia en Amérique du Nord, avait une pointe de lance en pierre taillée enfoncée dans l'os du bassin. L'homme de Lindow, vieux de 2 000 ans, bien conservé et découvert dans une tourbière anglaise, est mort d'un crâne écrasé, d'une gorge tranchée et d'un cou brisé. Un cimetière suédois datant de cette ère a été mis au jour, et l'archéologue en chef, T. Douglas Price, a déterminé que 10 % des décès avaient été violents. En comparaison, le taux actuel est de 1,4 pour 100 000. Au sein du village de bergers de Juvali, les preuves indiquent que son crime n'aurait pas été un événement particulièrement inhabituel.

Récemment, le Musée archéologique du Sud-Tyrol a fait appel au détective munichois Alexander Horn pour enquêter sur l'affaire Ötzi. Comme pour tout homicide, il a d'abord essayé de déterminer le mobile de Juvali. Il a quasiment immédiatement éliminé le vol. La preuve la plus parlante est la présence sur la scène du crime de la précieuse hache en cuivre d'Ötzi, ce qui correspondrait de nos jours à trouver une Rolex encore au poignet d'une victime d'homicide. La thèse du vol peut donc être écartée, ainsi que celle de l'assassinat par un membre d'un clan rival, qui aurait emporté la hache en guise de trophée. Pour Alexander Horn, si le meurtrier a laissé la hache, c'est parce qu'Ötzi et lui avaient des connaissances communes qui auraient pu la reconnaître. Autrement dit, le détective pense que Juvali connaissait sa victime, ce qui est – même si l'on tentait simplement de deviner – de loin le scénario le plus probable.

D'après Donald Black, sociologue à l'université de Virginie, moins de 10 % des homicides modernes sont commis pour des raisons de gains purs comme le vol. La plupart des homicides, écrit-il, sont en réalité des cas de peine capitale dans lesquels la victime est jugée, condamnée et exécutée par un tueur qui se sent justifié. Étendre cette analyse moderne à un homicide commis il y a si longtemps peut sembler être un raccourci, mais une profonde entaille sur la main d'Ötzi tend à confirmer la thèse selon laquelle Juvali était en quête de vengeance.

D'après Alexander Horn, cette coupure est une blessure typique de défense, et le degré de cicatrisation de la blessure indique qu'elle a été infligée environ quarante-huit heures avant le décès d'Ötzi. Patrick Hunt m'a également informé que le bout du couteau en silex d'Ötzi était cassé, le rendant inutilisable. S'il ne l'avait pas encore réparé, on peut en déduire qu'il l'avait cassé peu de temps avant sa mort. Enfin, les enquêteurs ont identifié le sang d'une autre personne sur la cape d'Ötzi. Le sang, le couteau et la blessure semblent indiquer qu'Ötzi aurait blessé ou peut-être tué quelqu'un vingt-quatre à quarante-huit heures avant sa propre mort. Peut-être que Juvali connaissait la victime, comme le suggère Alexander Horn, ce qui lui aurait fourni un sérieux mobile.

Le temps devait être agréable le jour où Juvali a tué Ötzi. Les braises présentes sur le lard et le pain trouvés dans l'estomac d'Ötzi indiquent qu'il a fait du feu dans une petite rigole le long du col de montagne et a tranquillement mangé son déjeuner. Compte tenu de la position des aliments dans le système digestif d'Ötzi, les chercheurs estiment que son ultime repas a eu lieu environ une demi-heure avant sa mort.

L'analyse balistique indique que Juvali a pris position à environ trente mètres d'Ötzi et a tiré sa flèche par en dessous et à sa gauche. Trente mètres, cela correspond à peu près à la longueur d'un terrain de basket – une distance phénoménale, compte tenu de son équipement préhistorique. Même les chasseurs à l'arc modernes tirant des flèches en fibre de carbone préfèrent être plus près de leur cible. Mais Juvali a visé juste. Sa flèche a transpercé l'omoplate gauche d'Ötzi, sectionné la principale artère approvisionnant son bras en sang et s'est arrêtée juste sous la clavicule. Il est mort d'une hémorragie en quelques minutes.

Juvali s'est ensuite approché, sachant que sa flèche avait atteint sa cible. Il a retourné sa victime agonisante – ce qui expliquerait l'étrange position du bras d'Ötzi – et arraché sa flèche de son dos, séparant ainsi la pointe de la hampe. Les archéologues ayant fouillé la scène ont trouvé quatorze flèches, mais toutes appartenaient à Ötzi. Celle de Juvali a disparu. Alexander Horn pense que Juvali a certainement retiré la hampe reconnaissable pour la même raison qu'un assassin moderne ramasse les douilles. Il a peut-être même enterré sa victime dans la neige – ce qui pourrait expliquer l'extraordinaire état de conservation d'Ötzi.

Le mal que s'est donné Juvali pour dissimuler son crime constitue en fin de compte la preuve la plus concrète contre lui. Si Juvali avait simplement voulu tuer Ötzi sans témoins, il n'aurait pas eu besoin de le suivre jusqu'en haut d'une montagne.

Cette décision laisse supposer que non seulement il ne voulait pas de témoins, mais qu'il voulait aussi cacher la cause du décès d'Ötzi. En le suivant dans le col de Similaun, ses actions indiquent un mobile si évident que si les villageois avaient découvert la véritable cause du décès d'Ötzi, Juvali aurait été le principal suspect. Pour s'en tirer en toute impunité, il a suivi Ötzi au sommet des Alpes, convaincu que l'endroit isolé empêcherait la découverte du corps.

Là-dessus, il avait vu spectaculairement juste.

Qui était la première personne dont on connaît le nom ?

Si l'existence de notre espèce sur Terre était condensée en une journée, ceci se serait produit 24 minutes avant minuit.

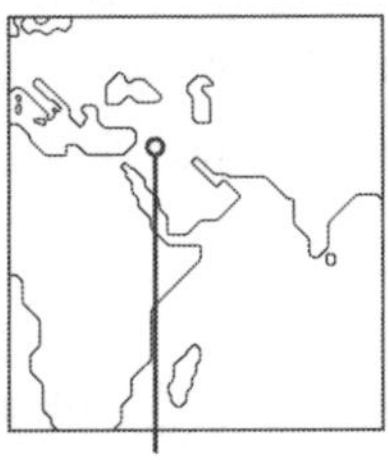

Premier nom connu, il y a 5 000 ans

Le 24 novembre 1974, l'archéologue Donald Johanson repéra un petit os dans une rigole près de Hadar, en Éthiopie, qui allait ajouter une branche critique à l'arbre ancestral de notre espèce.

L'os en question appartenait à un squelette femelle vieux de 3,2 millions d'années, d'une espèce nouvelle, ni humaine ni grands singes, nommée plus tard *Australopithecus afarensis*. Au cours des mois suivants, Donald Johanson et son équipe exhumèrent près de la moitié de son squelette. Cette découverte eut lieu à une époque où, comme l'archéologue l'a souligné plus tard, « la plupart des preuves de l'évolution humaine datant de plus de 3 millions d'années pouvaient tenir dans la paume de la main. »

L'événement sidéra le monde archéologique, mais éveilla aussi l'imagination du public. L'Homininé devint bientôt la plus grande star de la préhistoire. Peut-être bien son *unique* star. Et ce en grande partie, d'après Donald Johanson, parce que les archéologues ont affublé ces os d'un nom : Lucy.

Le nom fut choisi au hasard, d'après une chanson des Beatles écoutée au campement de l'équipe ce soir-là. Mais il conféra au squelette préhistorique une certaine humanité, et réduisit la distance émotionnelle entre les lecteurs modernes et cet ancêtre lointain. Et puis, pour être célèbre, il faut avoir un nom.

Le cas de Lucy est l'exemple le plus connu de ce que les archéologues doivent faire avec les nombreux individus ou lieux qui vivaient ou existaient avant l'écriture. Nous ne savons évidemment pas comment les amis et la famille de Lucy l'appelaient quand ils voulaient attirer son attention, ni si elle avait un nom tout court. Les spécialistes ignorent le nom de toutes les personnes, villes ou cultures de plus de 6 000 ans. Les noms qu'ils utilisent aujourd'hui pour ces individus et ces lieux relèvent totalement de l'invention moderne. Ils s'inspirent parfois de la géographie locale, parfois d'une chanson.

On estime qu'environ 1,5 milliard d'*Homo sapiens* ont vécu et sont morts avant l'invention de l'écriture. Et pas un seul de leurs noms n'est connu ou ne sera jamais connu de personne. Il en va de même pour les noms de bien des individus ayant vécu après l'invention de l'écriture, lorsqu'elle n'était utilisée que par une poignée de personnes dans une poignée de lieux. On sait ce qu'Ötzi a mangé lors de son dernier repas il y a 5 000 ans (voir chapitre précédent), mais nous ignorons son vrai nom. Nous ne connaissons pas non plus le nom de la première personne à avoir posé le pied sur le continent américain ni les noms des grands peintres des grottes de Chauvet ou de Lascaux (ni les noms que ces peintres donnaient à ces grottes). Il faudra attendre l'émergence des civilisations mésopotamiennes et l'invention de l'écriture pour connaître enfin le prénom d'un individu. Et ce n'était ni un conquistador, ni un prince, ni une reine, ni un roi. C'était un comptable. Et on ne saurait faire plus approprié, car ce n'est ni aux rois ni aux explorateurs que l'on doit la trace d'un nom, mais justement aux comptables. Si on ne les voit généralement pas comme des créatifs, ils sont pourtant responsables de ce que les spécialistes considèrent comme l'invention la plus créative de l'humanité.

L'écriture n'est pas le résultat d'une épiphanie soudaine. Elle a commencé son évolution en Mésopotamie il y a près de cinq millénaires, dans le but de résoudre un problème dont la complexité allait grandissant : séparer ce qui m'appartient, ce qui t'appartient et – surtout – combien tu me dois. Quelques milliers d'années plus tard, les Incas ont mis au point de leur côté un système d'écriture totalement différent appelé *quipu,* reposant sur des cordelettes et des nœuds, mais semblent l'avoir développé exactement pour la même raison, à savoir enregistrer les dettes et la possession.

En Mésopotamie, l'écriture a commencé avec des jetons.

Dans les années 1960, quand les excavations d'anciennes villes mésopotamiennes allaient bon train, les archéologues ont mis au jour des milliers de petits morceaux d'argile modelée. Ces jetons se déclinaient dans toute une variété de motifs. Certains ressemblaient à des têtes d'animaux, tandis que d'autres étaient ronds et incrustés de marques. Certains s'apparentaient à des breloques, d'autres aux créations distraites d'un potier. Les archéologues étaient perplexes. On ignorait tout d'eux et de leur importance, et les rapports archéologiques de cette époque mentionnent simplement leur existence. Dans certains cas, ils ont même été jetés. C'est seulement dans les années 1980 que les historiens

Denise Schmandt-Besserat et Pierre Amiet sont arrivés à une conclusion surprenante : les jetons n'étaient pas des objets d'art ni des breloques, ou des créations accidentelles. Ils constituaient le premier pas vers l'invention de l'écriture.

D'après l'historienne, le fonctionnement des jetons était à peu près le suivant : imaginez qu'il y a 9 000 ans, vous viviez en Mésopotamie ancienne et vous gardiez du bétail. Le commerce existait, mais était relativement simple. Si un voisin voulait l'une de vos chèvres, mais n'avait rien à vous offrir en échange, vous vous souveniez de sa dette comme vous vous souviendriez de celle d'un ami aujourd'hui. Jusque-là, rien de compliqué.

Mais à mesure que la population de Mésopotamie a augmenté, les transactions se sont multipliées, et le commerce est devenu trop complexe pour se souvenir des dettes de chacun. Pour la première fois de l'histoire, les affaires ont dépassé les capacités du cerveau. Par conséquent, les Mésopotamiens ont commencé à utiliser un système de jetons simples mais ingénieux. En échange de l'un de vos bœufs, un individu vous donnait un petit jeton d'argile en forme de cornes de bovin. Ainsi, lorsque vous vouliez par exemple l'un de ses moutons, vous pouviez faire valoir son jeton. On pourrait croire que ces jetons sont une forme d'argent – ce n'est pas le cas. Du moins, pas encore. Ils n'ont pas encore atteint ce niveau d'abstraction, même si on voit bien comment un système d'échange de dettes évoluera ensuite vers l'argent. Après tout, si l'on écarte l'abstraction, l'argent d'aujourd'hui est une mesure de la dette d'un gouvernement envers vous. Et quand vous voulez un Coca-Cola, vous pouvez donner au vendeur la représentation physique de cette dette en échange.

Le commerce se complexifiant, le système de jetons éparpillés est devenu intenable et, il y a environ 6 000 ans, les commerçants mésopotamiens ont commencé à enfermer les jetons dans des boules d'argile creuses. Ces boules d'argile semblent avoir fonctionné comme les premiers classeurs, permettant de compartimenter les différentes transactions. Mais les classeurs requièrent des étiquettes, et les éleveurs ont donc reproduit les images des jetons sur les parois externes des boules d'argile. Cette étape en apparence simple représente en réalité un important juste milieu entre représentations physiques et symboles abstraits.

Mais ces boules rangées en vrac dans un tiroir n'étaient pas idéales pour gérer les affaires, et les Mésopotamiens ont donc procédé à une nouvelle transition vers un niveau plus élevé de symbolisme. Ils ont commencé à reproduire les boules et leurs symboles sur des tablettes d'argile, séparant chaque transaction dans une case attitrée sur les tablettes. Celles-ci pouvaient ainsi contenir bien plus d'informations dans un format bien plus facile à lire. Mieux encore, elles ne roulaient pas dans tous les sens. De là, les comptables mésopotamiens ont rapidement abandonné les boules et les jetons, et se sont mis à inscrire leurs symboles sur les tablettes d'argile.

Peu après ce développement, les comptables ont ajouté le symbole les identifiant sur les tableurs. Quand les archéologues ont découvert l'un de ces tableurs, traduit l'inscription du comptable en bas de celui-ci, et l'ont daté comme étant le plus vieux tableur jamais trouvé, ce comptable est devenu la première personne pour laquelle les archéologues n'ont pas eu besoin d'inventer un nom d'après une chanson des Beatles, une montagne ou un village voisin. Cette fois-ci, une personne du passé s'adresse à nous directement.

Son nom était Kushim.

Kushim est né il y a 5 000 ans en Mésopotamie ancienne (dans le sud de l'Irak actuel), quelques centaines d'années avant les premiers hiéroglyphes égyptiens. Kushim ne nous dit pas s'il est un homme ou une femme, mais les premiers proverbes mésopotamiens étant majoritairement écrits du point de vue masculin, les spécialistes s'accordent à dire que la plupart des scribes étaient des hommes, comme me l'a confirmé l'assyriologue Bendt Alster.

Kushim vivait le long des rives de l'Euphrate, au nord du golfe Persique, où l'Euphrate et le Tigre convergent presque avant de se jeter dans la mer Rouge. Les deux fleuves favorisaient des sols fertiles dans les vallées, et leurs anciennes voies et crues périodiques formaient certaines des plaines agricoles les plus productives du monde. Ces terres et les cultures qu'elles abritaient nourrissaient certaines des premières grandes villes, y compris la plus vaste du monde à cette époque : Uruk, où vivait Kushim.

Uruk était peuplée de quelque cinquante mille personnes vivant dans des habitations en briques de boue, et servait de plaque tournante du commerce pour toute la région mésopotamienne. La ville possédait une aristocratie, de larges temples qui distribuaient des céréales et de la bière, et des écoles qui enseignaient un programme remarquablement homogène. Les archéologues ont découvert 165 copies distinctes du même exercice d'écriture réappliqué sur plus de 1 000 ans. On l'appelle la liste de professions, et il s'agissait d'une sorte de test standardisé dans les écoles mésopotamiennes, transmis d'un enseignant scribe à un autre pendant des siècles.

L'alphabétisation de Kushim laisse à penser qu'il a fréquenté l'une de ces écoles, ce qui permet d'en déduire qu'il n'est pas né esclave. Cela le place déjà dans un groupe exclusif à Uruk. Les esclaves formaient une part importante de la population et l'essentiel de la main-d'œuvre. Une usine de textile d'Uruk exploitait à elle seule des milliers d'esclaves, et il ne fait presque aucun doute que ces derniers ont creusé les nombreux canaux d'irrigation de la ville. La majeure partie des premiers documents écrits de Mésopotamie traitent de la possession d'esclaves. Après Kushim, les premiers noms dont on garde une trace sont ceux de Gal-Sal, un propriétaire d'esclaves, et d'Enpap-X et Sukkalgir, deux de ses esclaves. On notera qu'en sumérien, de manière assez révélatrice, le mot pour « esclave » est le même que pour « étranger ».

Enfant, Kushim a vécu des expériences semblables à celles des écoliers d'aujourd'hui. Vers l'âge de 5 ou 6 ans, il a dû commencer l'école scribale, que d'autres écrits ultérieurs d'étudiants décrivent comme « longue et ennuyeuse. » Une composition intitulée *Son of the Tablet House*, écrite par un étudiant près de 1000 ans après le passage de Kushim, décrit ainsi une journée ordinaire : « J'ai récité ma tablette, j'ai pris mon déjeuner, j'ai préparé ma nouvelle tablette, je l'ai remplie d'écritures et je l'ai terminée. Et dans l'après-midi, on m'a indiqué ma récitation. »

Si Kushim arrivait en retard en classe, ses professeurs attendaient de lui qu'il présente ses excuses en s'inclinant. S'il était chanceux, ils ne le battaient pas. Généralement, il n'était pas chanceux. La plupart des transgressions, aussi mineures soient-elles, donnaient lieu à une correction. Un ancien proverbe sumérien décrit longuement les diverses raisons pour lesquelles un étudiant tel que Kushim pourrait recevoir des coups de bâtons : ne pas s'être levé à l'arrivée du professeur, sortir sans permission et avoir une mauvaise écriture, entre autres.

Pour se faire pardonner, il est possible que Kushim ait invité son professeur (les enseignants scribes étaient le plus souvent des hommes, mais pas systématiquement) chez lui, qu'il l'ait convié à s'asseoir sur le siège d'honneur, et que ses parents lui aient offert une nouvelle robe ou une nouvelle bague et un repas. Si le professeur estimait que les excuses et/ou les pots-de-vin étaient suffisants, il déclarait, d'après *Son of the Tablet House*, quelque chose comme : « Puisque tu n'as pas manqué de respect à mes propos, que tu ne les as pas ignorés, tu te hisseras au sommet des arts scribaux… Puisses-tu être un guide parmi tes frères et parmi tes amis… Tu as accompli tes devoirs en tant qu'élève, tu es désormais un homme de culture. »

À l'école, Kushim apprenait à fabriquer ses propres tablettes d'argile et à les faire cuire au soleil. De temps à autre, les archéologues trouvent des piles de tablettes vierges qui étaient, supposent-ils, des devoirs de classe pour les étudiants tels que Kushim. Une fois séchées au soleil, les tablettes d'argile sont pratiquement indestructibles, et c'est grâce à elles que les archéologues ont pu obtenir un aperçu aussi clair de la vie quotidienne, et particulièrement du travail à l'école, à Uruk.

Pour apprendre à écrire, Kushim a appris à copier les éléments de chaque signe, de la même manière qu'un écolier moderne s'entraîne à écrire la lettre « E » en traçant les différentes lignes qui la composent. Les archéologues ont trouvé des tablettes comprenant des signes incomplets recopiés encore et encore, ressemblant à d'anciennes feuilles d'exercices rébarbatives, représentatives d'une éducation qui était à la fois longue et difficile. L'écriture cunéiforme comprenait près d'un millier de signes différents que l'étudiant devait mémoriser. Puis il y avait le problème des nombres : personne ne les avait encore inventés. Pour Kushim, les moutons, les chèvres et les années possédaient chacun leur propre système de comptage, car personne n'avait réalisé, en observant cinq personnes, cinq moutons et cinq doigts, qu'ils partageaient cette abstraction numérique que nous appelons à présent « cinq ». Les nombres sont si enracinés en nous qu'il est difficile de voir à quel point cette invention était ingénieuse et loin d'être évidente (vous pouvez commencer en essayant de définir le nombre « cinq »), mais ils nous permettent de comparer, contraster et mesurer des concepts radicalement différents. Malheureusement pour Kushim, le génie à l'origine de cette invention est né après lui, ce qui a considérablement augmenté la quantité de signes à apprendre par cœur. Les spécialistes pensent que son éducation s'est poursuivie jusqu'à l'âge adulte.

Une fois diplômé, Kushim a dû occuper un poste relativement élevé en tant qu'administrateur d'un temple, en charge du brassage de larges quantités de bière. Pour garder une trace de ses missions, Kushim pratiquait une forme de proto-écriture basée sur des pictogrammes. Son signe pour l'orge ressemblait à une tige d'orge, et on peut encore voir les vestiges des vieux jetons à cornes dans sa représentation de la vache. Kushim ne pouvait pas écrire de poèmes d'amour ni d'histoires, car son système de pictogrammes ne possédait pas de grammaire complète et ne pouvait pas représenter beaucoup de sons. Quand Kushim voulait s'identifier lui-même, il ne disposait pas d'un ensemble de lettres flexibles pour le faire. Sa solution était de mettre les deux pictogrammes « Ku » et « Sim » côte à côte, de la même manière que si votre nom était « Cléo », et que vous n'aviez pas de lettres, vous pourriez utiliser les symboles :

Le mot « Kushim » n'est qu'une licence poétique de l'assyriologue Hans Nissen, qui a donné un son aux signes « Ku » et « Sim », car, pour Kushim, l'écriture n'avait peut-être aucune valeur phonétique. Il est possible que les personnes lisant la tablette n'aient considéré son nom que de la manière dont nous voyons des armoiries familiales.

En tant qu'individu, Kushim était probablement, et assez ironiquement, peu mémorable. Il semble avoir été si extraordinairement normal qu'il possédait peut-être même le premier article de masse au monde : une écuelle à bords biseautés, un objet que les archéologues ont trouvé partout dans Uruk et qui, une fois rempli de céréales, semble avoir été l'ancienne version d'un salaire. À la fin de la semaine de travail, l'employeur de Kushim remplissait son écuelle d'une ration de céréales pour l'indemniser pour ses services.

Peut-être était-il bien « payé » en tant qu'administrateur d'un grand temple. En tout cas, il n'était pas un très bon comptable. Sur l'une de ses tablettes, il a écrit « 10 » au lieu de « 1 », commandant ainsi par erreur dix fois plus d'orge que nécessaire. Sur une autre, sa recette de bière ne contient pas assez de malt, ce qui est particulièrement scandaleux quand on sait que le ratio orge-malt aurait dû simplement être de 1/1.

Mais il compensait son manque de souci du détail par ce que Hans Nissen décrit comme « un zèle de bureaucrate pour l'exactitude exagérée. » Dans un de ces cas représentatifs, Kushim a calculé 135 000 litres d'orge (81 tonnes) à cinq litres près. Une « précision rigoureuse en contradiction totale avec les nombreuses erreurs mathématiques repérées », d'après Hans Nissen.

Kushim – la première personne dont on connaît le nom – était un administrateur ordinaire, bureaucratique, sujet aux erreurs, en charge de calculer les dettes. Et c'est tout à fait approprié.

Pendant mille ans, alors que les scribes et les comptables développaient l'écriture en Mésopotamie, celle-ci était exclusivement réservée aux aristocrates, bureaucrates et administrateurs tels que Kushim. Le reste de la population en ignorait l'existence, ou bien, puisque les percepteurs des impôts les brandissaient telle une arme, la détestait. De manière révélatrice, lorsque des villes mésopotamiennes tombaient à cause de maladies ou d'envahisseurs, comme c'était souvent le cas, les citoyens brûlaient presque systématiquement la bibliothèque en premier. Les citoyens ordinaires ressentaient probablement pour l'écriture ce qu'un lecteur moderne ressent sûrement pour le code fiscal, car c'est là tout ce que représentait ce support. C'était un domaine réservé aux Kushim et aux Arthur Andersen, pas aux William Shakespeare.

Compte tenu de son statut dans la société et du mépris de la population pour sa profession, Kushim est sûrement mort dans l'indifférence générale. Mais s'il avait une pierre tombale, elle aurait au moins pu faire partie des premières gravées d'un nom.

Qui a découvert le savon ?

Si l'existence de notre espèce sur Terre était condensée en une journée, ceci se serait produit 22 minutes avant minuit.

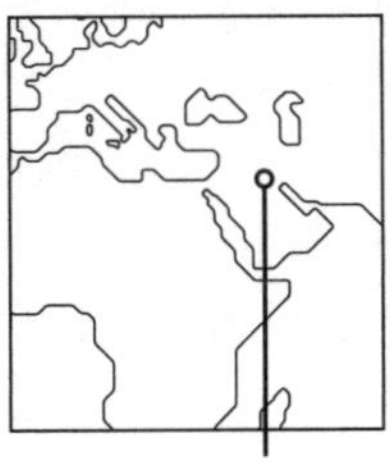

Premier savon, il y a 4 500 ans

Le matin du 14 mars 1942, Anne Sheafe Miller gisait mourante dans son lit d'hôpital à New Haven, dans le Connecticut.

Un mois plus tôt, l'infirmière de 33 ans avait été victime d'une fausse couche et avait contracté une infection courante. Malgré des soins médicaux ultramodernes, dont des transfusions sanguines et des sulfamides, sa température grimpa progressivement jusqu'à 41 degrés, et elle commença à perdre connaissance.

« Sur la base des expériences antérieures, je dirais qu'elle souffrait d'une septicémie mortelle due à un streptocoque hémolytique », écrivit le docteur John Bumstead dans ses notes. Désespéré, il se procura un médicament expérimental auprès d'un laboratoire du New Jersey. Ce médicament était si rare que des laborantins vinrent ensuite le récupérer dans les urines d'Anne Sheafe Miller.

Un policier escorta cette poudre grasse marron foncé jusqu'au chevet de la patiente à New Haven, où le bactériologiste traitant,

Dr Morris Tager, examina le médicament nauséabond avec « une certaine méfiance », comme il l'écrivit plus tard. Néanmoins, il l'injecta à Anne Miller cet après-midi-là. Le lendemain matin, sa température était de nouveau normale, et la patiente finit par dépasser son pronostic initial de quelque cinquante-sept ans.

On connaît aujourd'hui ce médicament expérimental sous le nom de pénicilline, et la vie d'Anne Sheafe Miller est la première de plus de 200 millions de vies qu'elle a sauvées depuis.

La pénicilline est le premier antibiotique – une classe de médicaments qui a révolutionné la lutte contre les infections – au monde, mais les antibiotiques ne sont que la deuxième arme la plus efficace contre les bactéries malignes. Aucun produit médical, et peut-être aucune découverte médicale, n'a sauvé autant de vies humaines que le savon.

Depuis que le savant néerlandais Antoine Philips van Leeuwenhoek a regardé dans son microscope en 1668 et a vu des organismes vivants à travers sa lentille, nous avons lentement découvert le nombre ahurissant de bactéries qui peuplent notre monde. La Terre est si infectée que si des extra-terrestres nous rendent un jour visite, ils considéreront très probablement notre planète comme un motel infesté de punaises de lit et poursuivront leur chemin sans tarder. Les bactéries sont sur l'oreiller sur lequel nous dormons et sur la cuillère que nous utilisons le matin pour manger nos céréales. Les biologistes estiment qu'une main humaine peut héberger jusqu'à 150 espèces différentes à tout moment. La plupart sont inoffensives, certaines sont bénéfiques, et d'autres sont mortelles si elles parviennent à s'infiltrer sous la peau. Dans les villes densément peuplées où ces bactéries et maladies dangereuses peuvent être transmises à des centaines de personnes par une simple poignée de porte, le savon ne rend pas seulement ces villes plus saines, il les rend possibles.

En raison de son ancienneté, nous ne saurons certainement jamais exactement combien de vies le savon a sauvées – les chercheurs du site Web appelé Science Heroes qui suit ce genre de choses ont levé les bras au ciel quand je leur ai posé la question –, mais même les estimations prudentes tablent sur des centaines de millions. Et pourtant, il pourrait en sauver bien plus. D'après un rapport de l'Unicef, si chaque cuisinier utilisait du savon, le taux mondial d'infections respiratoires chuterait de 25 %, et les cas de maladies diarrhéiques seraient divisés par deux. À elles seules, ces améliorations sauveraient plus d'un million de vies par an.

Le savon est globalement sous-estimé et sous-utilisé, car il est victime d'un problème de communication fondamental : il élimine quelque chose d'invisible à nos yeux. L'effort conceptuel nécessaire est difficile, même pour les plus éduqués d'entre nous. D'après les Centres pour le contrôle et la prévention des maladies des États-Unis, les médecins se lavent les mains deux fois moins souvent qu'ils ne le devraient. Les effets du savon ne sont pas aussi visibles que ceux des antibiotiques, qui peuvent vous faire passer du lit de mort à la piste de danse en quelques heures (comme Anne Miller). Le savon sauve la vie de personnes saines sans qu'elles ne se rendent compte de la menace qu'elles ont esquivée. Ainsi, bien que le savon sauve plus de vies que la pénicilline et permette notre existence urbaine moderne, nous continuons de sous-estimer ce qui pourrait bien être la plus grande découverte médicale de l'histoire humaine.

Qui a découvert la recette du savon ?

Je l'appellerai Nini, d'après la déesse sumérienne de la médecine, Ninisina. Et elle sera une femme, car la personne ayant découvert le savon travaillait certainement dans l'industrie florissante du textile de Sumer, une industrie majoritairement féminine, d'après l'anthropologue Joy McCorriston.

Nini est née il y a 4500 ans dans le sud de l'Irak actuel, peut-être dans l'ancienne cité sumérienne de Girsu, d'où provient la plus vieille tablette écrite décrivant la fabrication du savon. Girsu fut l'une des premières villes du monde à accueillir une population de plusieurs dizaines de milliers d'habitants, et elle fut pendant un temps la capitale de l'ancien royaume de Lagash. Elle abrite, parmi de nombreuses autres grandes premières de l'humanité, le plus vieux pont connu du monde.

Nini est née à peu près à l'époque de la construction de la grande pyramide de Gizeh, et à part une taille légèrement inférieure à celle de l'individu moyen d'aujourd'hui, son apparence était totalement moderne. Dans leurs tablettes cunéiformes, les Sumériens se nommaient souvent eux-mêmes les « individus aux cheveux foncés. » Bien que de nombreuses statues sumériennes les représentent avec de grands yeux bleus, la plupart des historiens pensent qu'il s'agissait d'un trait caractéristique de leurs dieux et que les Sumériens aux yeux bleus étaient en réalité très rares. Les yeux de Nini, comme ses cheveux, étaient donc probablement foncés. Les pictogrammes indiquent que Nini portait de longs vêtements en toison ou en peau de mouton, avec des franges qu'elle embellissait et décorait de motifs, tandis que les hommes portaient des jupes et des écharpes.

D'après Karen Nemet-Nejat, spécialiste de la Mésopotamie et auteure de *Women in Ancient Mesopotamia*, Nini a grandi au sein d'une société terriblement patriarcale. Son père était le chef de famille et exerçait son autorité sur elle jusqu'à ce qu'il décède ou qu'elle soit mariée, événement qui pouvait avoir lieu à l'adolescence, parfois même plus tôt. Un texte akkadien indique qu'une épouse mesurait moins d'un mètre au moment de son mariage.

Pour Nini, le mariage était un contrat passé entre son père et son beau-père. Aux yeux des Sumériens, une femme sumérienne épousait davantage sa belle-famille que son mari, de sorte que si son époux mourait, elle était remariée à l'un des frères du défunt. Dans la région de Sumer, les femmes n'avaient pratiquement aucune perspective d'indépendance, d'après Karen Nemet-Nejat. À aucun moment de sa vie Nini n'aura été indépendante de son père, de son beau-père ou de son mari.

La mission première de Nini, en qualité d'épouse, était de donner des enfants à son mari, et plus particulièrement des fils, perçus comme ses héritiers. Le mariage était traditionnellement monogame, mais si une femme ne parvenait pas à avoir d'enfants, son époux pouvait prendre une seconde épouse ou une concubine, ou encore adopter. Dans un chant, la déesse Eula décrit la vie de la femme sumérienne en termes simples :

Je suis une fille,
Je suis une mariée,
Je suis une épouse,
Je suis une femme au foyer.

Nini faisait probablement partie des classes défavorisées car, en plus d'être une femme au foyer, elle occupait un poste bien plus moderne. Parmi leurs nombreux dons à l'humanité, les Mésopotamiens ont inventé la pénible besogne du travail à l'usine dans les fabriques textiles. Ces larges industries publiques dépendaient d'une main-d'œuvre esclave, de débiteurs et de quasi-employés pour tondre, coudre, teindre et produire des textiles de laine, produits d'exportation essentiels pour de nombreuses villes mésopotamiennes.

À l'époque où Nini y travaillait, les usines textiles de Girsu étaient des centres de production à grande échelle, impressionnants même au regard des normes modernes. L'archéologue Daniel Potts a calculé que sur une période de trois mois 203 310 moutons avaient été tondus rien qu'à Girsu, un nombre d'autant plus impressionnant qu'il fut atteint avant l'invention des forces et ciseaux à laine. Au lieu de couper efficacement la laine, les tondeurs de moutons arrachaient un à un chaque brin de laine sur quelque 200 000 moutons. Compte tenu de ce travail de fourmi, Daniel Potts estime qu'un tondeur ne produisait en moyenne que vingt-cinq centimètres de laine par jour. Mais d'après l'assyriologue Benjamin Studevent-Hickman, une seule fabrique textile d'Ur produisait, grâce à plus de 10 000 travailleurs, plus de 400 tonnes de laine par an. Nini faisait sûrement partie de ces travailleurs.

Il est même possible qu'elle ait occupé un poste à responsabilités. D'après l'archéologue Rita Wright, les responsables féminines au sein de ces fabriques dirigeaient généralement des équipes d'une trentaine de personnes et percevaient un salaire plus élevé, sous forme d'orge ou de tissu. Compte tenu de l'autorité qu'il aurait fallu pour introduire le savon dans le processus de fabrication, on peut supposer que Nini faisait partie de ces responsables.

La première utilisation documentée du savon est décrite sur une tablette cunéiforme découverte à Girsu. D'après l'archéologue Martin Levy, cette tablette a été écrite il y a 4 500 ans, et traite du lavage et de la teinture de la laine. Pour teindre correctement la laine, un tisserand doit débarrasser les textiles de leur lanoline, ou graisse de laine – un procédé bien plus facilement réalisé à l'aide de savon. Aujourd'hui encore, les tisserands lavent la laine fraichement tondue dans de l'eau savonneuse pour enlever la lanoline.

Nini était loin d'être la première personne à tirer profit de la réaction chimique entre des alcalis et des acides gras – que les chimistes appellent la saponification. Lorsque j'ai discuté avec Seth Rasmussen, professeur de chimie à l'université d'État du Dakota du Nord, il m'a expliqué que, pour la plupart des spécialistes, il était fort probable que quelqu'un d'autre, bien avant Nini, ait accidentellement créé cette réaction chimique, car les ingrédients nécessaires sont relativement courants. Les alcalis se trouvent dans les cendres de bois brûlé, et de nombreux experts pensent que les premiers humains se servaient de cendres humides pour nettoyer des outils de dépeçage couverts de graisse. À l'insu du nettoyeur, la cendre combinée à de la graisse animale créait un savon simple et impur.

Le fait que la cendre humide enlève la graisse était probablement également compris par les premiers tisserands qui s'en servait pour nettoyer leurs textiles, d'après Hugh Salzberg, auteur de *From Caveman to Chemist*. La cendre devait se mélanger à la lanoline de la laine et entraîner la saponification.

Mais d'après Seth Rasmussen, ce n'est qu'il y a 5 000 ans que quelqu'un a découvert la possibilité de fabriquer du savon, avec lequel se laver les mains ensuite. Puisqu'aucune mention du savon n'est faite pendant le premier millénaire de l'écriture mésopotamienne, la majorité des spécialistes pensent que le savon a été découvert aux alentours de sa première mention dans les tablettes, il y a 4 500 ans. « Si [le savon] était connu longtemps avant l'époque des Sumériens, on devrait en trouver des références dans les anciennes traces écrites sumériennes, et ce n'est pas le cas », m'a indiqué Seth Rasmussen.

Le coup de génie de Nini fut de comprendre que la lanoline ou la graisse animale faisait de la cendre un agent nettoyant si efficace, et qu'elle pouvait être ajoutée à de l'eau et des cendres pour obtenir un seau de savon liquide. Cela peut sembler peu de chose, mais cela signifiait que Nini ne dépendait plus de la graisse de ce qu'elle nettoyait pour déclencher la réaction. Elle pouvait désormais créer le mélange idéal d'acides gras et d'alcalis et tout nettoyer, notamment, et surtout, ses mains.

Hugh Salzberg suppose que le premier savon de Nini était un simple seau d'eau avec des cendres et des graisses. Plus tard, Nini ou quelqu'un d'autre a dû se rendre compte qu'il était possible de filtrer les cendres et globules de graisse, tandis que l'eau absorbe les alcalis de la cendre dans un processus appelé « lessivage ». Étant donné que peu de gens auraient voulu se laver avec de l'eau pleine de cendres, le lessivage fut une autre étape importante pour encourager les individus à utiliser le savon pour sa fonction la plus utile. Jusqu'au Moyen Âge, les fabricants de savon faisaient l'impasse sur le filtrage et trempaient des sachets de cendres dans l'eau comme des sachets de thé.

La première recette de savon connue nécessite environ un litre d'huile et six litres de potasse (potassium extrait de cendres de bois). D'après Seth Rasmussen, le tout était mélangé pour créer un savon liquide impur mais utile. En utilisant cette formule grossière pour produire son eau graisseuse et pleine de cendres, Nini pouvait fabriquer le produit médical le plus salvateur jamais créé par l'humanité.

Mais elle n'en aurait pas eu conscience.

Le savon ne détruit pas les bactéries, comme le fait la pénicilline. Il enlève les bactéries. En créant des molécules qui s'attachent à la fois à l'huile et à l'eau, le savon permet à l'eau de coexister brièvement avec l'huile. Toute bactérie se cachant à l'intérieur ou en dessous peut ainsi être éliminée. Les effets salvateurs du savon étant si difficiles à observer, il est peu probable que Nini ait joui d'une grande reconnaissance de son vivant ni qu'elle ait vraiment compris ce qu'elle avait fait. Pour la remercier d'avoir trouvé une méthode légèrement plus efficace pour enlever la lanoline, l'usine de textiles l'a peut-être récompensée d'une ration d'orge supplémentaire.

Les Sumériens ne se lavaient pas les mains avec du savon, certainement pour la même raison que les médecins actuels ne le font pas assez souvent : parce que leurs mains ont déjà l'air propres. Pendant des siècles après son invention, personne, semble-t-il, n'utilisait le savon pour se laver le corps. Il servait plutôt à nettoyer des objets comme les plats ou les vêtements sur lesquels des taches de graisse étaient visibles.

La plus ancienne mention de l'utilisation du savon pour nettoyer la peau provient d'une tablette cunéiforme découverte dans la capitale hittite de Boğazköy, écrite près d'un millier d'années après Nini. On peut y lire :

Avec de l'eau je me suis lavé.
Avec de la soude je me suis nettoyé.
Avec de la soude d'une bassine polie je me suis purifié.
Avec de l'huile pure de la bassine je me suis embelli.
Avec la robe de la royauté divine je me suis vêtu.

Toutes les technologies, quelle que soit leur avancée, mettent du temps à se répandre dans toute une population. Les économistes parlent de « diffusion technologique » pour désigner ce décalage, et celui de la découverte de Nini a été particulièrement long. L'adoption du savon à l'échelle mondiale est, comme nous l'avons vu, toujours en cours, et sa progression depuis 5 000 ans n'a pas été linéaire.

Au-delà de la Mésopotamie, l'adoption du savon a été encore plus désordonnée et souvent négligée au profit d'alternatives objectivement pires. À la place du savon, les blanchisseurs romains utilisaient de l'urine putréfiée collectée auprès de passants. Pline l'Ancien attribuait la découverte du savon aux Gaulois (les « barbares »), qui l'utilisaient à la place de l'urine. Les Grecs se lavaient essentiellement avec de l'eau sans savon, en dépit des recommandations de Galien, un médecin grec visionnaire qui conseillait de l'utiliser comme traitement médical préventif.

L'incapacité à saisir le pouvoir du savon pour sauver des vies a persisté, non seulement parce que les bactéries étaient invisibles, mais aussi parce qu'elles étaient considérablement mal comprises. Même jusque dans les années 1800, tout individu insinuant que des micro-organismes pouvaient être létaux risquait d'être renvoyé de l'un des hôpitaux les plus modernes du monde.

En 1847, Dr Ignaz Semmelweis, un obstétricien hongrois travaillant à l'hôpital général de Vienne, commença à enquêter sur un mystère. Pourquoi les femmes enceintes suivies par ses médecins mouraient-elles cinq fois plus souvent que celles suivies uniquement par ses sages-femmes ? Dr Ignaz Semmelweis insista pour que ses médecins suivent toutes les techniques d'accouchement des sages-femmes. Il alla même jusqu'à interdire aux prêtres de faire sonner des cloches dans les services des médecins, puisqu'ils ne le faisaient pas dans celui des sages-femmes. Rien ne fonctionna. Mais lorsqu'un collègue du Dr Semmelweis, après avoir réalisé une autopsie, mourut de la même fièvre maternelle qui frappait les mères, il tenta une nouvelle théorie. Il savait que ses médecins réalisaient souvent des autopsies avant d'aider les mères à accoucher, ce que les sages-femmes ne faisaient pas. Peut-être, raisonna-t-il, transportaient-ils une particule létale ou une odeur mortelle depuis les cadavres jusqu'aux mères. Il leur demanda par conséquent de se laver les mains. Le taux de mortalité chuta immédiatement, mais les médecins du Dr Semmelweis se révoltèrent rapidement, mécontents d'être tenus pour responsables de la mort de leurs patientes. Il fut renvoyé, les médecins arrêtèrent de se laver les mains, et Dr Semmelweis termina sa vie dans un asile psychiatrique.

Nini, notre travailleuse assyrienne d'une fabrique textile née plusieurs milliers d'années avant lui, est elle aussi probablement morte dans l'anonymat. L'espérance de vie moyenne de la région de Sumer à cette époque s'élevait à peine à 40 ans, notamment parce que les premières villes étaient de véritables nids à maladies et infections. Puisque Nini vivait au milieu d'une population dense et qu'aucun habitant ne se lavait les mains avec du savon, elle est peut-être morte de l'infection bactérienne dont réchappent aujourd'hui des millions de personnes grâce à sa découverte.

Qui a contracté le premier la variole ?

Si l'existence de notre espèce sur Terre était condensée en une journée, ceci se serait produit 19 minutes avant minuit.

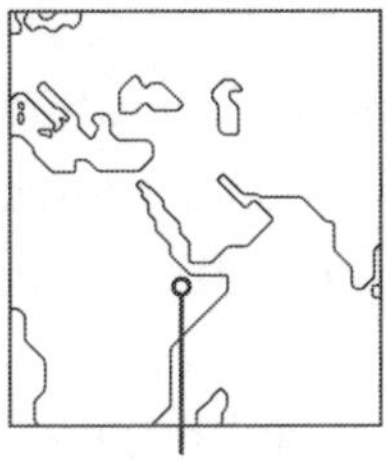

Premier cas de variole, il y a 4 000 ans

Le plus grand tueur de l'Histoire n'était pas Gengis Khan. Ni Alexandre le Grand. Ça n'était pas non plus une bataille, une guerre ni même toutes les guerres *cumulées*.

Non, c'était en fait un malheureux individu tout à fait innocent, né il y a 4 000 ans dans la corne de l'Afrique, qui eut tout simplement la malchance de respirer un nouveau virus porté par un grain de poussière.

Le virus variolique, responsable de la variole, a pratiquement anéanti les populations du Nouveau Monde et décimé une grande partie de celles du Vieux Monde. Au XVIIIe siècle, il tuait 400 000 Européens chaque année. Au XXe siècle, il a tué trois fois plus de personnes que les deux guerres mondiales réunies, et a joué un rôle déterminant dans la chute des empires aztèque et inca après avoir été introduit sur leurs terres par des marins européens.

La variole, aussi appelée petite vérole, ne faisait pas de discrimination. Elle tuait les jeunes et les vieux, les rois et les paysans. L'empereur romain Marc Aurèle est mort de la variole, tout comme la reine d'Angleterre Marie II, le tsar Pierre II de Russie et le roi de France Louis XV. Et Abraham Lincoln a attrapé la variole une semaine après avoir prononcé son fameux discours de Gettysburg.

La variole a même changé le cours des guerres. Pendant la guerre franco-prussienne, les Allemands étaient vaccinés, les Français ne l'étaient pas, et près de la moitié des pertes françaises furent dues à la variole. Pour certains spécialistes, l'ordre de George Washington d'inoculer toutes ses troupes a été sa plus importante décision stratégique de la guerre d'indépendance des États-Unis.

Contrairement à la peste noire, la variole n'est pas une maladie vaincue depuis longtemps par la médecine moderne. Si vous attrapiez la variole demain, l'hôpital ne vous offrirait pas plus de chances de survie qu'une consultation avec un chamane. Et si quelqu'un répandait la variole au sein d'une ville moderne, les pertes se compteraient en milliers, voire en millions. En 1972, un homme d'Église rentrant de La Mecque a déclenché une épidémie en Yougoslavie qui tua 35 personnes et en rendit malades 175 autres, avant que des barrages routiers, des fouilles des logements, des couvre-feux et la proclamation de la loi martiale n'enrayent la propagation. La variole est le plus grand fléau de l'histoire de l'humanité, et elle a laissé de lourdes traces sur notre espèce.

En 1959, l'Organisation mondiale de la santé, armée d'un vaccin, a lancé une campagne d'éradication de la variole sous la direction de l'épidémiologiste Donald A. Henderson. Étant donné que le virus ne peut infecter que les humains et qu'il doit infecter une nouvelle personne toutes les quatorze heures pour survivre, son éradication était théoriquement possible – bien qu'extrêmement ambitieuse. Rayer un virus humain de la surface de la Terre n'avait encore jamais été fait, et pour cause : trois millions de particules virales pourraient tenir aisément dans l'espace du point final qui conclut cette phrase, et l'année au cours de laquelle le programme commença, la variole avait infecté au moins 15 millions de personnes. Et pourtant, le 26 octobre 1977, D. A. Henderson et son équipe de l'OMS avaient réduit ce nombre à 1. Cette chasse mondiale avait permis d'isoler ce qu'il restait du virus dans le corps d'un seul individu : un cuisinier somalien nommé Ali Maow Maalin.

M. Maalin était un jeune homme de 23 ans habitant à Merka en Somalie et travaillant comme cuisinier à l'hôpital local. Si la vaccination du personnel hospitalier était obligatoire, Ali Maow Maalin y avait échappé en raison de sa phobie des aiguilles, comme il l'avait confié plus tard. Ainsi, le jour où il se porta volontaire pour conduire deux petites filles atteintes de la variole dans un camp d'isolement situé à quinze minutes de route, son système immunitaire fut pris de court par l'attaque virale.

Les médecins locaux pensèrent d'abord qu'il avait contracté la varicelle et ne le placèrent pas en isolement. Entre-temps, la guérison des deux fillettes poussa les enquêteurs à croire qu'ils avaient réussi à contenir le virus. Très populaire, M. Maalin reçut donc la visite de pas moins de 91 personnes venues lui souhaiter un bon rétablissement. Lorsque les médecins se rendirent compte de leur erreur, l'OMS envoya une vaste équipe de confinement dans le sud de la Somalie pour retrouver toutes les personnes avec lesquelles M. Maalin avait été en contact. Ils établirent des postes de contrôle de police, passèrent toutes les habitations au crible, placèrent en quarantaine l'hôpital de M. Maalin, et administrèrent cinquante mille inoculations. Puis ils attendirent l'apparition d'un nouveau cas.

Quatre mille ans avant le trajet en voiture d'Ali Maow Maalin, le virus de la variole vit le jour au travers de mutations. La souche dominante commença au sein d'une seule personne, d'une seule cellule, au cours d'un seul terrible instant. Et tout à fait involontairement, cet individu est peut-être devenu responsable de la mort de plus d'humains que personne d'autre avant ou après lui.

Qui était-il ?

Je l'appellerais Patient Zéro, le terme utilisé par les médecins pour désigner la première personne contaminée d'une épidémie. Et il sera un homme, car les indices génétiques du virus indiquent qu'il travaillait au contact des chameaux domestiqués des alentours de la corne de l'Afrique, à une époque où les hommes et les chameaux vivaient souvent dans des campements pastoraux pendant des semaines.

Patient Zéro est né quelque part dans l'Éthiopie ou l'Érythrée d'aujourd'hui, il y a près de 4 000 ans, soit quelques centaines d'années après que le pharaon égyptien Khéops a commandité sa Grande Pyramide, à quelque 1 600 kilomètres au nord. La culture de Zéro ne possédait pas l'écriture, mais des témoignages directs des habitants de la corne existent grâce à certains des plus anciens reliefs et hiéroglyphes de l'Égypte ancienne. Les Égyptiens appelaient la terre de Zéro le pays de Pount, et Zéro un Pountite, et tant les Égyptiens que les Pountites naviguaient sur la mer Rouge, le long de l'une des premières routes commerciales maritimes du monde.

Si les reliefs égyptiens du roi pountite Parahu en sont une représentation fidèle, Patient Zéro devait avoir la peau mate et rougeâtre, et des cheveux courts surmontés d'une calotte. Comme Parahu, il avait peut-être une longue barbiche courbée vers l'avant. À sa taille, il glissait une dague dans la ceinture de son pagne blanc.

D'après ce que nous révèlent les reliefs égyptiens, Zéro vivait dans une cabane ronde construite sur pilotis, avec une échelle devant sa porte – peut-être pour se protéger des prédateurs, ou bien pour fournir un corral pour ses animaux directement sous sa maison.

Il s'agissait probablement d'un berger qui cultivait des terres et élevait quelques animaux domestiques, parmi lesquels des chiens, des bovins, des ânes et des chameaux. Sa maison était abritée du soleil par des arbres à myrrhe, dont la sève pouvait être brûlée comme de l'encens, et qui comptait parmi les produits les plus précieux de l'Égypte ancienne. La myrrhe du pays de Pount, ainsi que son or, ses peaux, ses animaux exotiques et sa main-d'œuvre esclave, a incité les Égyptiens à faire le long voyage sur la mer Rouge. Le fils du pharaon Khéops lui-même possédait un esclave pountite.

Zéro vivait et travaillait certainement avec son chameau, mais ne le montait pas. Il s'en servait plutôt pour son lait. Une chamelle allaitante peut produire jusqu'à vingt litres de lait par jour, et certains éleveurs ont survécu pendant des semaines en buvant uniquement ce lait. Zéro utilisait son chameau selon la même tradition que les premiers à avoir domestiqué ces animaux – une culture d'éleveurs qui peuplaient le sud de la péninsule arabique. Richard Bulliet, auteur de *The Camel and the Wheel*, pense que, peu de temps après sa domestication il y a 5 000 ans, le chameau a traversé la mer Rouge sur les bateaux des commerçants d'encens.

Pour l'ancêtre du virus variolique, l'arrivée du chameau offrait une formidable opportunité ; pour l'humanité, un effroyable risque. Tout contact rapproché avec les fluides corporels d'un animal donne au virus l'occasion de passer d'une espèce à une autre.

Heureusement, chaque espèce possède un système immunitaire différent, et un virus acclimaté à l'un est probablement inadapté pour en attaquer un autre. Généralement, quand un virus se retrouve sur une espèce étrangère, c'est un peu comme « un humain sur Mars sans combinaison spatiale », écrit le virologue Nathan Wolfe : il s'étiole et meurt. Ou bien il est tout simplement repéré et détruit par le nouveau système immunitaire. Ou encore, plus dangereusement pour l'hôte, il se réplique, mais n'est pas contagieux.

Pour que le changement d'hôte soit un succès, le virus doit procéder à des mutations qui lui permettent de se multiplier et de se propager dans un nouvel environnement. Pour ce faire, il dispose de plusieurs solutions : il peut réaliser ses propres mutations, ou dans certains cas, infecter la même cellule qu'un autre virus et s'unir à lui pour en former un nouveau.

Aujourd'hui, les virologues pensent que nous avons été si abondamment exposés aux principales maladies touchant les chiens, les cochons et le reste des animaux domestiqués que toutes les maladies leur appartenant pouvant nous être transmises l'ont déjà été. De nos jours, le principal danger viral des animaux domestiqués est qu'ils servent d'intermédiaires entre les humains et les virus d'animaux sauvages.

En revanche, à l'époque de Zéro, la domestication et l'introduction récentes du chameau dans un nouvel environnement mettaient en danger l'espèce humaine. Le chameau a donné aux virus locaux un nouveau système immunitaire à attaquer, et la domestication a entraîné des contacts quotidiens entre les humains et les chameaux, donnant lieu à des millions d'opportunités d'introduction virale.

L'ancêtre exact du virus variolique est inconnu. Donald R. Hopkins, un responsable de l'équipe de l'OMS chargée de l'éradication de la variole, pense qu'il s'agit d'un poxvirus ayant infecté des rongeurs, en raison d'un gène particulier trouvé dans la variole codant une protéine de souris. Certainement un vestige d'une vie antérieure, explique-t-il dans son livre *The Greatest Killer*. De récentes recherches génétiques semblent soutenir la thèse selon laquelle l'ancêtre direct du virus variolique a probablement infecté un rongeur africain désormais disparu, peut-être une sorte de gerbille, mais que le système immunitaire du chameau a joué le rôle du maître d'hôtel. Igor Babkin, généticien à l'Institut de biologie chimique de Novossibirsk en Russie et auteur de l'article « The Origin of the Variola Virus », m'a expliqué que l'arrivée des chameaux avait servi de tremplin entre les rongeurs et les humains. D'après lui, le processus d'attaque du système immunitaire du chameau a déclenché une évolution du virus. Il pense qu'en se reproduisant dans le chameau, le poxvirus des gerbilles a capté un nouveau bout de matériel génétique qui a transformé ce qui n'était qu'une nuisance virale en véritable monstre.

Nul ne sait comment Zéro a attrapé la première souche divergente du rongeur africain. Pour Donald R. Hopkins, cela a pu se produire lorsqu'il l'a découpé puis mangé, tandis que Robert Siegel, professeur d'immunologie à Stanford, me précise que la transmission a pu être la conséquence d'une chose aussi banale que respirer la mauvaise bouffée de poussière. Les déjections séchées de rongeurs passent à l'état d'aérosols dans la poussière et peuvent finir dans les poumons – c'est ainsi qu'a lieu la transmission du syndrome pulmonaire à hantavirus.

Quoi qu'il en soit, une fois à l'intérieur de Zéro, le virus aurait dû périr dans ce nouvel environnement. Mais cette fois-ci, par malchance et en raison d'une nouvelle astuce apprise chez les chameaux, le nouveau poxvirus a non seulement survécu chez Zéro, mais s'est même développé.

Une fois dans la gorge de Zéro, la grenade virale s'est accrochée à des cellules dans ses muqueuses et a commencé sa réplication. Au microscope, une cellule infectée par le virus de la variole subit une immonde transformation, d'une boule lisse à une sorte d'oursins à épines. Ces pics creux s'étirent comme des tentacules, en quête de cellules saines à empaler. Lorsqu'ils ont frappé, ces pics tubulaires servent de tunnels permettant aux particules virales d'échapper aux globules blancs. Une fois à l'intérieur de la cellule suivante, le processus recommence.

Au départ, le système immunitaire de Zéro ne se doutait de rien. Les virologues ignorent où se cache le virus pendant les premiers sept à dix jours, mais beaucoup d'entre eux pensent qu'il se réplique dans les ganglions lymphatiques, endormant le système immunitaire tandis que le virus grandit de façon exponentielle. Après plus d'une semaine de croissance intense et soutenue, les particules virales jaillissent et se laissent porter par le système sanguin jusqu'aux organes les plus proches. À ce stade, le système immunitaire de Zéro aurait organisé sa première défense, et Zéro aurait ressenti les premiers symptômes.

Ceux-ci auraient commencé par une fièvre et des maux de tête, rapidement suivis d'un mal de gorge, qui aurait annoncé le début de l'infectiosité de Zéro. Dans sa gorge, les lésions auraient fait germer des bombes virales, chacune grouillant de particules qui chevaucheraient ensuite ses postillons microscopiques dans l'air pour créer une zone à risque de trois mètres. Au départ, il est possible qu'il ait pris ses symptômes pour ceux de la grippe, mais une fois que le virus a commencé à ravager sa peau et que des taches rouges caractéristiques sont apparues sur son cou, son visage et son dos, il a certainement compris qu'il s'agissait de quelque chose de bien plus grave. Peu de temps après, les taches se seraient remplies de pus. Puis il aurait commencé à sentir mauvais.

William Foege, un épidémiologiste de l'équipe de l'OMS chargée de l'éradication de la variole, écrit dans son livre *House on Fire* qu'il lui ait arrivé par deux fois d'identifier un patient atteint de la petite vérole avant même de passer le pas de la porte, rien qu'à l'odeur. Il la décrit comme « proche de celle d'un animal mort. » Personne n'en connaît la cause. Peut-être, propose-t-il, est-elle due aux pustules en décomposition.

La douleur est atroce. Les patients atteints de la variole ne portent presque rien, car le simple contact des vêtements sur la peau risque d'éclater une pustule. À ce stade, écrit William Foege, la majorité des patients souhaitent simplement mourir.

La petite vérole ne cherchait pas à tuer Zéro. D'après William Foege, « le virus n'avait aucune intention malveillante ; il répondait simplement au désir de se reproduire. » Il n'en reste pas moins que tout patient atteint de la variole se bat pour sa vie. Il n'y a que deux issues possibles : soit le système immunitaire de Zéro le détruit, soit la variole l'emporte.

Les immunologistes ne sont pas certains du taux de létalité du virus lors du premier événement de débordement. Les milliers d'années qu'il a passé à se répliquer chez les humains l'ont profondément transformé, mais, si le virus variolique a suivi le schéma habituel, il est bien possible que l'infection de Zéro ait été encore plus mortelle que la version moderne.

En règle générale, plus un débordement viral est récent, plus il est létal, puisque du point de vue du virus, la mort de l'hôte est sous-optimale. Un virus cherche à se répliquer et à se propager, et un hôte mort ne se mêle plus à de nouveaux hôtes potentiels. Par conséquent, plus ils passent de temps dans un hôte, plus les virus ont tendance à voir leur létalité diminuer, tandis que d'autres variantes infectieuses deviennent la souche principale. Des milliers d'années après le premier débordement, une variation du virus appelée *variola minor* est apparue, dont le taux de létalité était inférieur à 1 %, bien loin des 30 % de *variola major*.

Malheureusement pour Zéro, il est fort probable qu'il ait subi une version bien plus létale que celle que nous connaissons aujourd'hui, et qu'il y ait succombé.

Mais le virus, lui, a survécu. À un certain point de son infection – ou même après sa mort, si quelqu'un a déplacé le corps de Zéro –, le virus a trouvé un nouvel hôte à infecter. À l'époque, il s'agissait bien souvent d'un membre de sa famille. À l'époque moderne, quand le virus s'était bien réglé avec les humains, un proche s'occupant d'un malade avait 50 % de chances de contracter la maladie, d'après William Foege. Cela étant, la plupart des virologues pensent qu'à ses débuts, le virus était à la fois plus létal et moins apte à sauter d'un hôte humain à un autre.

Comme l'écrit Hopkins dans *The Greatest Killer* au sujet de l'infection initiale : « Si l'on part du principe que le modèle d'adaptation d'autres maladies passant de l'animal à l'humain a été suivi… la transmission d'une personne à une autre devait être rare au tout début. »

Les virologues parlent du R_0 (ratio 0) d'un virus pour désigner son taux de reproduction de base. Le R_0 mesure le nombre moyen de personnes qu'un patient contagieux peut infecter. Une maladie avec un R_0 inférieur à 1 finira par disparaître, tandis qu'une maladie avec un R_0 supérieur à 1 va se propager. Plus le R_0 est élevé, plus le risque d'épidémie est important. Le R_0 de la variole des temps modernes est de 6 – à peu près l'équivalent du rhume ordinaire. Pour Henderson, le R_0 de la variole devait être considérablement plus faible au départ, mais sa ténacité prouve qu'il était supérieur à 1. Et en se propageant chez les humains, il s'est adapté à eux. Il a amélioré son taux de transmission en s'acharnant sur notre système immunitaire, tel un hackeur s'attaquant à un mot de passe. En se répliquant des billions de fois et en faisant des millions d'erreurs, le virus devait tomber de temps à autre sur une variation améliorée et augmenter son taux d'infection. Sous l'effet de la sélection naturelle, cette variation devenait la version dominante et le processus se répétait alors. Aucune intelligence ne se cache derrière ses adaptations. Le virus n'est rien d'autre qu'un logiciel en évolution constante, essayant des millions de combinaisons possibles, et la variole est son chef-d'œuvre.

Si Zéro avait simplement vécu dans un petit village, comme les humains l'ont fait pendant la majeure partie de l'histoire, la maladie se serait répandue comme une trainée de poudre dans la population et aurait disparu après avoir tué ou immunisé tout le monde. La variole, comme toutes les maladies hautement infectieuses, a besoin d'une forte population pour se reproduire. D'après les estimations des chercheurs, la variole nécessitait des populations d'au moins 200 000 personnes à moins de quatorze jours de distance pour se maintenir. Les densités démographiques de cette envergure constituant un développement relativement récent, les experts sont convaincus que le virus n'aurait eu que très peu de chances de réussir avant la révolution agricole. Avant l'agriculture, les maladies les plus terribles dévastaient probablement les petites communautés, arrivaient à court d'hôtes et mouraient.

Mais le virus variolique a justement franchi la barrière inter-espèces au cours de l'une des premières périodes de l'histoire où des populations de cette ampleur vivaient à une telle proximité les unes des autres : à l'aube de l'économie mondiale, quand les éleveurs ont créé certaines des premières communautés à grande échelle dans la corne de l'Afrique, et quand les Égyptiens et les Pountites ont ouvert l'une des premières voies commerciales maritimes. La maladie a pu s'infiltrer dans la corne pendant des années avant de remonter la mer Rouge à bord du corps d'un esclave pountite ou d'un commerçant égyptien. Une fois arrivé dans la vallée du Nil, où la population dépassait le million d'habitants il y a 4000 ans, le virus aurait été impossible à arrêter.

Les premiers cas confirmés de variole proviennent de pustules que les virologues ont identifiées sur trois momies égyptiennes. Deux étaient des responsables officiels égyptiens momifiés il y a 3598 ans et 3218 ans, tandis que le troisième et le plus célèbre des cas est celui du pharaon Ramsès V, mort il y a 3175 ans. D'après les hiéroglyphes, Ramsès serait mort d'une maladie aiguë et, quand Henderson a examiné la momie, il a découvert que son visage, son cou et ses épaules étaient couverts des pustules caractéristiques de la variole. Une fois arrivée en Égypte, la maladie s'est propagée dans le monde entier.

Il y a environ 3400 ans, les Hittites de Turquie ont combattu l'armée égyptienne, et leurs tablettes cunéiformes décrivent une maladie apportée par leurs prisonniers égyptiens. De leur côté, il semblerait que des commerçants égyptiens prenant la route de l'encens aient emporté le virus variolique avec eux jusqu'en Inde, où les anciens traités médicaux *Charaka Samhita* et *Sushruta Samita* donnent une description détaillée de la variole. La maladie a débarqué en Chine il y a 2500 ans, juste avant la construction de la Grande Muraille, et, au XVIe siècle, les conquistadors espagnols l'ont introduite en Amérique, où ses effets furent particulièrement catastrophiques. Pendant les épidémies, les personnes immunisées réduisent le R_0 d'un virus et diminuent par conséquent la croissance exponentielle de la maladie. Puisque personne au Nouveau Monde n'avait survécu à une infection par le passé, personne n'était immunisé, et la première épidémie fut apocalyptique.

La lutte contre la variole remonte à l'Antiquité. Les humains ont rapidement compris que personne ne contractait le virus deux fois, mais les Chinois furent les premiers à se servir de ce point faible contre le virus. D'après Joseph Needham, biochimiste et spécialiste britannique de l'histoire de la médecine, la toute première inoculation – c'est-à-dire le fait d'infecter volontairement un patient avec une forme amoindrie d'un virus pour lui conférer l'immunité – a été réalisée en Chine il y a environ 1 000 ans.

La première mention d'une inoculation apparaît dans un traité médical chinois du XIVe siècle : « On ignore le nom des inoculateurs, mais ils ont obtenu [cette technique] auprès d'un homme excentrique et extraordinaire qui l'avait lui-même obtenue d'experts en alchimie. Depuis, elle s'est largement répandue dans tout le pays. »

Cet « homme extraordinaire » a inventé l'immunologie, rien de moins, qui reste aujourd'hui encore la meilleure défense de l'humanité contre le virus.

La faiblesse majeure du virus variolique n'est pas seulement le fait qu'il ne peut infecter deux fois une même personne, mais aussi que les pustules séchées d'un patient précédemment contaminé sont naturellement atténuées. Autrement dit, une grande partie des particules virales sont mortes. Puisqu'un virus grandit de façon exponentielle, un nombre plus faible de particules virales lors de l'infection initiale réduit la gravité de la maladie. La différence en termes de mortalité est spectaculaire. Le risque de décès d'un patient inoculé était compris entre 1 % et 2 %, contre 30 % pour les patients qui étaient infectés naturellement.

Au XVIIe siècle, l'inoculation était une pratique répandue en Chine et en Inde. Des médecins chinois publièrent des modes d'emploi sur la procédure à suivre et, un siècle plus tard, les connaissances de cette pratique atteignirent l'Europe.

Pourtant, les inoculations étaient loin d'être parfaites. Par exemple, si le médecin ne prélevait pas correctement des croûtes séchées, il risquait de donner à son patient la variole dans sa forme la plus agressive. Pire encore, un patient inoculé était aussi contagieux et potentiellement meurtrier qu'une personne contaminée naturellement pendant que son système immunitaire combattait la maladie. Dans bien des cas, les inoculations provoquaient ainsi des épidémies.

Pour la variole, le début de la fin a commencé le 14 mai 1796, quand le Dr Edward Jenner a voulu vérifier les dires d'un inoculateur local, qui faisait état dans son rapport de l'inefficacité des inoculations sur certaines fermières du coin. Celles-ci juraient qu'elles n'avaient jamais attrapé la petite vérole, mais qu'elles avaient récemment contracté la version bovine du poxvirus : la vaccine. La vaccine, ou variole des vaches, infecte les humains et a des effets tout à fait déplaisants, mais ne se transmet pas entre humains et est rarement mortelle.

Le rapport de l'inoculateur fit mûrir une idée dans l'esprit d'Edward Jenner. Pour tester sa théorie, il inocula la vaccine à un petit garçon de 8 ans du nom de James Phipps. Comme pour une inoculation de la variole, le scientifique utilisa des pustules bénignes de la vaccine. Par conséquent, le jeune garçon ne contracta pas la forme la plus grave et gênante de la maladie – au lieu de cela, une unique pustule se forma sur son bras. Cela fut toutefois suffisant et, quand Edward Jenner administra ensuite une inoculation traditionnelle du virus variolique, le jeune James Phipps n'eut aucune réaction.

Contrairement aux inoculations de la variole, les inoculations de la vaccine s'accompagnaient d'un taux de mortalité proche de zéro, n'entrainaient pas d'autres épidémies de variole et ne provoquaient l'apparition que d'une seule pustule. Les médecins découvrirent plus tard un poxvirus encore plus efficace pour l'inoculation de la variole – appelé *Vaccinia virus* – et donnèrent à la procédure le nom de « vaccination ».

Malgré le vaccin, la variole a continué de faire des ravages. Rien qu'au cours du XXe siècle, elle a entrainé la mort de 500 millions de personnes, avant qu'une traque mondiale de dix-huit ans lancée par l'OMS ne permette d'isoler le virus dans le corps d'Ali Maow Maalin. Fort heureusement, le système immunitaire de M. Maalin prit progressivement le dessus sur le virus. Plus surprenant encore, aucune des 91 personnes ayant été en contact avec lui n'a contracté la maladie.

Et c'est ainsi que le 1er novembre 1977 la dernière cellule du virus variolique, fléau pour l'humanité pendant près de quatre millénaires, fut exterminée par le système immunitaire d'Ali Maow Maalin.

Addenda : au moins deux fioles du virus existent. L'une est conservée dans un laboratoire d'Atlanta, aux États-Unis, et l'autre dans un laboratoire de Novossibirsk, en Russie. Aucune nation n'a reconnu qu'elle mettait au point une arme avec le virus, mais en 1971, un essai sur le terrain dans une installation soviétique d'armes biologiques a contaminé un navire de pêche à Aralsk, et entraîné la mort de trois personnes. Et si M. Maalin reste la dernière personne à avoir contracté la maladie naturellement, le virus s'est échappé dans le système de ventilation d'un laboratoire de l'université de Birmingham en 1978, s'infiltrant dans un bureau à l'étage supérieur, où il a infecté et tué une photographe médicale du nom de Janet Parker. Étant donné que les vaccinations antivarioliques massives ont cessé en 1973, la majeure partie de la population mondiale est aujourd'hui de nouveau vulnérable au virus.

Qui a raconté la première blague que l'on connaît ?

Si l'existence de notre espèce sur Terre était condensée en une journée, ceci se serait produit 19 minutes avant minuit.

Première blague connue, il y a 4 000 ans

Un après-midi de novembre 1872, dans un coin du British Museum, l'assyriologue George Smith était affairé à décrypter les symboles d'une ancienne tablette cunéiforme. C'était un véritable travail de fourmi. Le cunéiforme comprend des centaines de symboles et aucune ponctuation, et les gravures avaient été pratiquement réduites à néant par 2 000 ans de dégradation. Pourtant, il lisait avec excitation, dans l'attente de quelque chose. La tablette abîmée avait fait allusion à un secret, et il ne pouvait pas attendre que le restaurateur du musée la rende lisible. Finalement, lorsque George Smith posa l'index sur l'ultime symbole, il poussa un cri. Il sauta de sa chaise, se mit à courir dans tous les sens et, d'après la légende, commença à ôter ses vêtements. Après dix ans de recherches, George Smith avait trouvé la confirmation du plus incroyable récit de l'Ancien Testament.

L'éducation de George Smith, considéré comme le plus grand assyriologue de l'époque, fut pour le moins inhabituelle. Il quitta l'école à 14 ans pour travailler la gravure sur billets chez l'imprimeur Bradbury & Evans, où il serait sûrement resté si son bureau ne s'était pas trouvé à quelques minutes à pied du British Museum. Il commença à y passer ses pauses déjeuner, et son sens du détail le poussa vers les tablettes cunéiformes provenant des anciennes villes de Mésopotamie. Pendant ses pauses repas, il apprit seul à lire les symboles, tant et si bien que le musée lui fit quitter son travail d'imprimeur pour l'embaucher. Il devint en peu de temps l'un des meilleurs assyriologues du monde.

En 1867, il découvrit dans les tablettes un récit contemporain d'une éclipse solaire et réussit à l'identifier comme étant celle qui, selon les calculs des astronomes, avait eu lieu au-dessus de la Mésopotamie le 15 juin de l'année 763 avant Jésus-Christ. Il s'agit de l'une des plus anciennes dates spécifiques jamais écrites.

Mais alors qu'il poursuivait la traduction des tablettes anciennes, une autre obsession s'empara de lui. George Smith commença à rechercher la première confirmation directe d'événements décrits dans l'Ancien Testament – en particulier du Déluge de Noé. Un événement aussi catastrophique, se dit-il, avait forcément dû être consigné quelque part. Au bout de vingt ans d'une quête acharnée, George Smith découvrit ce qu'il cherchait. Sur une tablette mise au jour par l'archéologue ottoman Hormuzd Rassam et écrite bien avant le livre de la Genèse, il lut la mention d'une « gigantesque inondation » et d'un homme ayant sauvé les animaux du monde en construisant un navire géant – et c'est à ce moment-là que George Smith ne put se retenir d'enlever ses vêtements.

L'histoire de l'inondation fait partie de l'*Épopée de Gilgamesh*, largement considérée comme la plus ancienne œuvre littéraire jamais écrite. Un Assyrien anonyme y a inscrit le récit du déluge il y a quelque 2700 ans, mais il est impossible de savoir depuis combien de temps ce récit existait sous forme orale. Cette histoire relève de la fiction, mais sa ressemblance avec le Déluge de Noé n'est pas une coïncidence. La plupart des experts sont convaincus qu'elle a inspiré la version biblique.

L'*Épopée de Gilgamesh* représente l'évolution finale de l'écriture. Pendant son premier millénaire d'existence, l'écriture en Mésopotamie était réservée aux comptables, essentiellement pour enregistrer les dettes et appliquer des impôts. Le médium entier était l'équivalent mésopotamien des notations de crédit et des formulaires fiscaux, ce qui pousse les spécialistes à s'interroger : comment un système de comptabilité si rigide a-t-il pu se transformer en système infiniment souple et capable de consigner le récit le plus connu du monde il y a 2700 ans ?

Quelques blagues sorties de l'école des scribes pourraient bien être la réponse.

Les blagues et les proverbes humoristiques sont apparus il y a près de 4000 ans, quand des maîtres scribes ont écrit des plaisanteries à faire recopier à leurs élèves, comme me l'explique l'assyriologue Jana Matuszak. Un exercice visant à la fois à leur enseigner le sumérien – à l'époque langue morte – et à transmettre des morales, un peu comme d'anciennes versions des fables d'Ésope. Au départ de simples phrases, elles ont évolué en récits complexes de moralité. Il est quasiment impossible de savoir quelle blague est la plus ancienne ou quel proverbe est le plus ancien, car la datation des tablettes cunéiformes ne permet pas ce niveau de précision. Mais lorsque j'ai posé la question à Benjamin Foster, professeur d'assyriologie à l'université de Yale, il a mentionné ce court trait d'esprit vieux de 4 000 ans, qui pourrait selon lui être la plus ancienne blague du monde :

Quand le lion est entré dans la bergerie, le chien a mis sa plus belle laisse.

Elle n'est pas drôle du tout. Mais les bonnes blagues ayant parfois une durée de vie d'à peine quelques jours, cela n'est pas étonnant. Quoi qu'il en soit, le fait qu'elle ne soit pas drôle aujourd'hui n'a pas d'importance. Ce qui importe, d'après Benjamin Foster, c'est que son créateur akkadien ait provoqué des rires avec sa prose, ou du moins qu'il ait espéré en provoquer.

Grâce à cette plaisanterie et à d'autres du même acabit, l'invention la plus créative de l'humanité est devenue quelque chose de bien plus grand qu'un outil barbant de comptabilité. À commencer par ces premiers proverbes, l'écriture est devenue un moyen de raconter des histoires, de transmettre des informations et de communiquer sur tout ce que le mot parlé pouvait évoquer. Les blagues ont marqué les débuts de la révolution de l'écriture, des déclarations d'impôts aux récits épiques d'inondations d'antan.

Qui était donc ce petit plaisantin qui a potentiellement sauvé la communication écrite ?

Appelons-le Will, en hommage à l'un des plus grands écrivains, William Shakespeare. Et il sera un homme, parce que les spécialistes précisent que les premiers proverbes sont majoritairement écrits d'un point de vue masculin – même s'il existait assurément des femmes scribes.

Will est né il y a environ 4 000 ans dans la ville antique de Nippur, au centre de l'Irak actuel, à près de 160 kilomètres au sud de Bagdad. Nippur a été fondée il y a 7 000 ans sur les rives marécageuses de l'Euphrate et a été l'une des villes les plus longtemps occupées en continu au monde avant qu'elle ne tombe en décrépitude au cours du premier millénaire. À l'époque de la naissance de Will, le fleuve s'était déplacé, les plaines jadis fréquemment inondées s'étaient pour la plupart asséchées, et les citoyens de Nippur n'utilisaient plus de roseaux, mais des briques de boue, typiques de la Mésopotamie, pour construire leurs maisons.

Nippur était une capitale religieuse avec un temple central. La plupart des 40 000 tablettes d'argile sumériennes que les archéologues ont découvertes dans la ville traitent de l'administration du temple, des salaires des responsables, de l'imposition des citoyens, et de la comptabilité des céréales. Mais certaines provenaient manifestement des écoles de scribes de Nippur, où les administrateurs du temple enseignaient le sumérien aux jeunes élèves. Will était l'un de ces instructeurs, ce qui signifie qu'il occupait une position relativement privilégiée au sein de la société akkadienne et était peut-être issu d'une famille assez aisée. Peut-être était-il le fils d'un riche marchand.

Les Akkadiens étaient polythéistes. Ils pensaient que différents dieux contrôlaient des aspects distincts et précis de leur vie quotidienne. S'ils avaient des dettes, ils priaient Utu de les effacer. S'ils cherchaient à se venger, ils priaient Ninurta de les aider. Et s'ils achetaient un service auprès d'un commerçant, le commerçant jurait au nom d'Enki que le travail pouvait être accompli rapidement. De son côté, Will n'était peut-être pas particulièrement pieux. C'est du moins l'avis de Bendt Alster, qui a écrit dans son livre *Wisdom of Ancient Sumer* que les premiers proverbes affichent « une attitude totalement laïque à l'égard du comportement social. » D'après le consensus parmi les experts, les scribes sumériens tels que Will étaient une version akkadienne des « chrétiens du dimanche », des hommes et des femmes aux convictions religieuses discutables.

Jeune homme, Will a dû lui-même aller à l'école des scribes, qui semble présenter des similitudes avec l'éducation primaire moderne. Les enfants commençaient à un âge similaire, avaient des devoirs, des examens, et apprenaient certaines des mêmes leçons enseignées de manière semblable. La grammaire était plus simple pour eux puisque le cunéiforme était dépourvu de ponctuation – mais l'apprendre n'en demeurait pas moins une tâche ardue. Le sumérien était alors une langue morte, ce qui explique certaines erreurs spectaculaires, d'après Bendt Alster. Un étudiant essayant de recopier les symboles pour « ennuyeux » a apparemment gravé le symbole pour « grenouille », une erreur qu'un locuteur natif n'aurait jamais faite. Le sumérien était le pendant du latin moderne, réservé à l'élite éduquée.

Les spécialistes s'accordent cependant sur le fait que les écoles de scribes enseignaient bien plus que la comptabilité. Will y suivait des leçons sur la bienséance et la moralité, et apprenait comment un bon Mésopotamien devait se comporter. Il recevait ces enseignements en grande partie *via* des proverbes oraux destinés à se moquer d'un archétype de l'idiot, de ses vices ou de sa stupidité, censés ainsi enseigner aux élèves à mieux se comporter. Ces blagues et proverbes d'autrefois font partie de ce que Jana Matuszak désigne comme « un art de l'insulte ». Cet art s'est développé en Mésopotamie ancienne et existait sous forme orale plusieurs siècles avant que Will ne grave des phrases sur des tablettes, utilisant les mêmes symboles, mais avec un nouvel objectif et un nouveau sens. Avec le temps, cette idée nouvelle s'est bien entendu répandue parmi les scribes, et de nombreux exemples ont été découverts depuis, comme les invectives akkadiennes suivantes traduites et transmises par Jana Matuszak :

... l'intelligence d'un singe !

La porcherie est sa maison. Le four est son salon.

Ton mari n'a pas de vêtements à se mettre ; toi-même tu portes des guenilles. / Ton derrière dépasse !

Les professeurs des écoles de scribes racontaient ces injures humoristiques pour faire glousser leurs élèves, mais aussi pour leur transmettre des enseignements. Jana Matuszak explique : « Il apparaît clairement que l'humour dans la littérature didactique sumérienne ne consistait pas uniquement à raconter des blagues ou des anecdotes rigolotes. » L'objectif principal était d'éduquer les étudiants en présentant un protagoniste qui se moque d'un imbécile et le tourne en ridicule, comme dans l'exemple suivant :

Que mon champ soit petit, pour que je puisse rentrer chez moi (bientôt) !

Une interprétation moderne de cette « blague » pourrait être : « J'espère que mes revenus ne seront pas trop élevés. Ainsi je n'aurai pas à payer trop d'impôts sur le revenu ! »

Will a certainement appris ces proverbes et insultes sous forme orale quand il était étudiant. Et il a dû bien les apprendre, puisqu'il a fini par occuper le poste de professeur scribe, lui permettant non seulement de suivre les leçons, mais aussi de les créer. Son innovation fut de consigner certaines de ces insultes et plaisanteries par écrit – peut-être pour donner à ses élèves un exercice d'écriture plus intéressant que les interminables documents traitant de cargaisons d'orge et de banalités commerciales auxquels ils étaient habitués. Et la blague innovante qu'il a choisie était peut-être : « Quand le lion est entré dans la bergerie, le chien a mis sa plus belle laisse. »

Voyons pourquoi Will la trouvait drôle. Le chien dit : « J'étais un chien de garde mais, maintenant que le lion est là, je redeviens un animal domestique. » L'humour se perd dans la traduction, mais la substance de la blague est admirablement intemporelle. Une version moderne pourrait parler d'un sauveteur qui choisirait de prendre sa pause déjeuner dès qu'il voit des ailerons de requins apparaître dans l'eau, ou bien tout simplement l'intrigue complète du film *Sergent Bilko*.

Le fait que la plus ancienne blague de l'histoire écrite ait tant en commun avec les formes d'humour modernes n'a pas échappé aux psychologues. Il semblerait qu'une certaine formule de base de l'humour soit inscrite quelque part dans le cerveau des *Homo sapiens*, qui a poussé de nombreux érudits, philosophes, humoristes et écrivains à rechercher une explication universelle du rire et de l'humour.

Le génie romain Pline l'Ancien pensait que le rire était le résultat d'une stimulation d'un diaphragme sous la peau, qui expliquait selon lui pourquoi les gens riaient lorsqu'on les chatouillait sous les aisselles où la peau est fine, et, toujours d'après Pline, pourquoi les gladiateurs romains mouraient en riant lorsqu'ils étaient poignardés dans le ventre. Plus récemment, les psychologues ont défini grossièrement le rire comme étant le résultat de soudains « glissements mentaux agréables ». Sur le plan pratique, cette définition n'est pas beaucoup plus claire que la théorie du diaphragme de Pline l'Ancien. Pour une meilleure compréhension, les méthodes que les blagues utilisent pour provoquer ces glissements mentaux agréables sont généralement divisées en trois théories.

La blague du chien de garde s'appuie sur ce que les spécialistes appellent la théorie de l'incongruité. C'est celle qu'emploie un humoriste quand il prépare votre cerveau à prendre à droite, puis qu'il vous emmène à gauche. Exemple : « Un prêtre, un rabbin et un... canard entrent dans un bar, etc. » Un trio de chercheurs du MIT mené par Matthew Hurley avance que le plaisir que nous tirons de ces incongruités résulte d'une petite dose de dopamine que notre cerveau nous donne pour nous récompenser d'avoir trouvé une erreur dans nos suppositions.

La deuxième théorie de l'humour est celle qu'Aristote appelait la théorie de la supériorité.

La théorie de la supériorité désigne l'humour qui nous donne soudainement une meilleure estime de nous-mêmes. Généralement, cela se produit aux dépens de quelqu'un d'autre et implique souvent qu'il souffre. Mel Brooks a suivi cette définition d'Aristote lorsqu'il a déclaré : « La tragédie, c'est lorsqu'on se coupe le doigt. La comédie, c'est quand on tombe dans une bouche d'égout ouverte et qu'on meurt. » Exprimée sous forme mathématique, la théorie de la supériorité s'écrit : comédie = douleur + distance.

Enfin, et surtout, il y a la théorie du soulagement. Le philosophe américain John Dewey définissait la théorie du soulagement comme « la libération soudaine de tensions. » Cette théorie explique pourquoi nous voyons une situation comique lorsqu'un événement effrayant ou troublant devient tout à coup rassurant – par exemple, avec un diable à ressort, un jeu de course-poursuite et avec les chatouilles. La théorie du soulagement s'applique à d'autres espèces. Les chimpanzés aiment jouer à se pourchasser autant que les enfants humains, ce qui porte à croire que le rire qui survient d'une transition rapide entre terreur et sécurité provient certainement de temps anciens.

Étant donné que l'humour implique souvent de renverser les attentes, et que ce que chacun attend fluctue considérablement en fonction de l'époque et de la culture, les blagues sont révélatrices de structures sociales. Qui est la cible des moqueries, par exemple ? S'agit-il des avocats, des barbares, des écuyers ou des comptables ? Qu'en est-il des ethnicités, des genres ou de l'apparence physique ? Sous l'effet de la théorie de la supériorité, l'humour s'en prend souvent aux personnes les plus vulnérables de la société. Dans l'humour cunéiforme, les esclaves et les femmes sont les victimes principales. Les blagues telles que celle-ci, l'une des plus anciennes jamais trouvée par les archéologues, et transmise par Jana Matuszak, laisse entendre une certaine misogynie chez les Akkadiens :

Son utérus (ô combien) pur est « fini » – (cela signifie) une perte financière pour sa maisonnée.

D'après Jana Matuszak, l'expression « ô combien pur » est l'un des plus vieux usages du sarcasme écrit. Ces vieilles blagues en disent encore plus sur la structure sociale akkadienne. D'après Foster, les responsables subalternes et les hommes d'affaires étaient des cibles fréquentes, tandis que les membres de la famille royale ne l'étaient pas. Ceux qui faisaient preuve de lâcheté, d'ambition, de mauvaises manières, de lubricité et de vanité étaient aussi des proies légitimes. Pourtant, comme me l'explique Foster, « il n'est pas évident d'identifier des blagues purement obscènes en cunéiforme quand on sait si peu de choses des anciennes normes de décence. »

Les infractions à la décence, incluant les jurons, sont l'un des outils privilégiés des humoristes, tant anciens que modernes. Jurer – violer intentionnellement un tabou culturel – est une pratique qui a probablement toujours existé. Malheureusement, compte tenu de la nature éphémère des tabous, il est difficile de deviner ce que Will beuglait quand il se cognait l'orteil contre une pierre. Ce qu'une culture trouve incroyablement offensant ne fera peut-être même pas ciller une autre. Par exemple, un grand nombre des gros mots de l'anglais moderne sont en rapport avec les fonctions corporelles et le sexe. Mais il n'y a pas si longtemps, dans l'Angleterre médiévale, l'intimité était une chose si rare que les Anglais se soulageaient souvent aux yeux de tous, et les mots en lien avec les toilettes n'étaient culturellement pas suffisamment choquants pour en faire des jurons. Les instituteurs de maternelle au Moyen Âge n'avaient sûrement aucun complexe à prononcer le mot « pisse » ici et là pendant les leçons quotidiennes. À la place, quand les Anglais de l'époque voulaient choquer, ils insultaient les « os » ou le « sang » de dieu. Les cris obscènes de Will étaient-ils de nature religieuse, ethnique, scatophile ou en rapport avec quelque chose de totalement différent ? Les experts ne sont pas sûrs.

Mais si les vannes changent, la structure de base de l'humour et des histoires drôles a peu évolué. Dans certains cas, elle n'a pas évolué du tout. Prenons par exemple cette histoire vieille de 4 000 ans, qui, selon Foster, pourrait bien être l'une des plus anciennes histoires drôles jamais écrites :

> *Neuf loups avaient capturé dix moutons. Il y en avait un de trop, alors ils ne savaient pas comment diviser leurs parts. Un renard qui passait par là leur dit : « Laissez-moi diviser vos parts pour vous. Vous êtes neuf, prenez-en un. Je suis un, laissez-moi en prendre neuf. C'est la part que je préfère. »*

Dans cette histoire, le renard correspond à un archétype de personnage que les anthropologues appellent l'escroc, celui qui enfreint les règles de la société non pas comme un vandale, mais pour ses intérêts personnels. L'escroc est présent dans les histoires populaires de presque toutes les cultures jamais étudiées. Ce rôle est souvent joué par un coyote chez les tribus amérindiennes, par un lapin dans les cultures africaines, et par Jim Carrey ou Bugs Bunny dans le cinéma hollywoodien. C'est un personnage type que le cerveau humain semble trouver éternellement drôle et percutant.

La longévité de l'humour, de la grossièreté et de l'archétype de l'escroc semble indiquer que chaque culture *Homo sapiens* les a utilisés, bien avant que Will ne saisisse son stylet. Mais il fut le premier à confier ces blagues à une tablette, et c'est ainsi que ces vannes et insultes qui ne volent pas haut sont devenues les premières remarques non liées à la comptabilité jamais écrites. La façon de Will d'enseigner le cunéiforme – peut-être dans le but de faciliter l'apprentissage – a transformé le médium. Pendant des siècles après Will, ces plaisanteries écrites sont restées au sein des écoles de scribes. Mais à mesure qu'un nombre croissant de maîtres scribes se sont mis à écrire ces anciens proverbes sumériens, ils ont transformé un outil basique de pictogrammes en un système capable de reproduire tous les sons du langage.

Au départ, les passages écrits ne tenaient que sur une ligne. Mais avec les progrès de l'écriture, les blagues et proverbes sont devenus des histoires, des mythes, des récits épiques, des chansons, des biographies et des traités médicaux. Grâce à la contribution, petite mais non négligeable, d'un créatif maître scribe akkadien tel que Will, l'histoire écrite elle-même fut lancée.

Malheureusement, la tombe de Will est probablement perdue à jamais. En revanche, la preuve tangible de son sens de l'humour médiocre ne l'est pas, et ne le sera jamais.

Qui a découvert Hawaï ?

Si l'existence de notre espèce sur Terre était condensée en une journée, ceci se serait produit 5 minutes avant minuit.

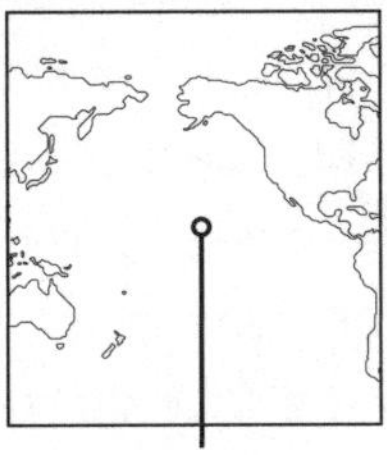

Premier peuplement d'Hawaï, il y a 1 000 ans

D'un certain point de vue, l'histoire de la sortie d'Afrique de l'*Homo sapiens* moderne est une histoire d'exploration mondiale. Elle a commencé il y a environ 55 000 ans, quand les *Homo sapiens* modernes ont quitté l'Afrique, traversé la péninsule du Sinaï et le Moyen-Orient, et se sont dispersés à travers l'Europe et l'Asie.

Certains sont partis vers le nord, et ont migré dans tout le continent européen avant d'atteindre l'Angleterre (*via* un pont terrestre) il y a 41 000 ans, comme le prouve un os de mâchoire humain fossilisé. Un autre groupe s'est dirigé vers le sud. Ils ont traversé l'Inde, l'Asie du Sud-Est, et franchi les ponts terrestres désormais engloutis qui reliaient les îles indonésiennes de Sumatra, Java et Bali, jusqu'à ce qu'une fosse océanique à l'est de Bornéo, appelée la ligne Wallace, ne mette fin à leur progression. Même avec des mers moins hautes de près de 90 mètres par rapport à aujourd'hui, il fallait des bateaux pour traverser la ligne Wallace. Et pourtant, compte tenu des dents d'*Homo sapiens* trouvées sur l'île de Florès, les archéologues pensent que ces navigateurs *Homo sapiens* ont franchi la ligne Wallace il y a au moins 46 000 ans, et ont atteint l'Australie et la Tasmanie il y a 40 000 ans.

Un autre groupe est parti vers l'est. Ils ont voyagé à travers l'Asie et ont peuplé le Japon il y a 40 000 ans, et sont passés au nord du 60e parallèle – au-dessus duquel aucun Homininé n'avait encore jamais survécu –, dans la Sibérie occidentale et sur la masse terrestre de la Béringie, il y a 32 000 ans. Les gigantesques calottes glaciaires du Canada ont bloqué leur passage vers le sud jusqu'à il y a 16 000 ans, quand la Terre s'est réchauffée et que la glace a fondu. Une fois au-delà du Canada, les premiers Américains ont atteint l'autre bout de l'Amérique du Sud en l'espace d'un millénaire. Il y a 4 000 ans, les humains posaient le pied sur l'extrémité orientale de l'Arctique canadien et du Groenland.

Il y a 3 000 ans, les humains modernes peuplaient presque la totalité du monde habitable. Seules les îles lointaines et luxuriantes du Pacifique Sud restaient inoccupées.

Après avoir traversé la ligne Wallace il y a environ 45 000 ans, ces premiers navigateurs ont poursuivi leur route vers l'est. Au départ, les îles étaient si proches les unes des autres qu'ils pouvaient les apercevoir depuis la plage. Ces îles rapprochées leur ont fourni ce que Geoffrey Irwin, professeur d'archéologie à l'université d'Auckland, appelle une « pépinière de voyages », où les navigateurs pouvaient développer leur savoir-faire et leurs techniques de navigation dans l'environnement relativement sécurisé de ce vaste archipel.

À l'aide de bateaux à voile élémentaires, ces aventuriers d'antan ont sauté d'une île à l'autre jusqu'à atteindre les Îles Salomon, à l'est de la Papouasie-Nouvelle-Guinée. Au-delà, les îles du Pacifique

Sud se font de plus en plus rares. L'île la plus proche est celle du Vanuatu, séparée des Îles Salomon par près de 500 kilomètres de pleine mer.

Cette distance intimidante a stoppé toute progression humaine dans le Pacifique oriental pendant des milliers d'années, jusqu'à ce que les explorateurs les plus voraces de l'histoire humaine – appartenant à ce que les archéologues nomment la culture Lapita – s'élancent vers le sud depuis Taïwan, il y a environ 3000 ans. S'il reste peu de traces des bateaux des Lapita, les spécialistes les soupçonnent d'avoir inventé la pirogue à balancier, qui apportait une meilleure stabilisation et améliorait leur performance dans le vent. Grâce à leurs balanciers, les Lapita ont dépassé les Îles Salomon, découvert le Vanuatu et vogué au-delà. En l'espace de 400 ans, ils ont découvert les Fidji, la Polynésie, les Tonga et les Samoa. Ils sont passés d'une île à l'autre si rapidement que, pour les archéologues, la seule explication possible de leur mouvement est un désir d'exploration. D'après Geoffrey Irwin, « ils partaient... parce qu'ils voulaient voir ce qui se trouvait au-delà de l'horizon. »

En fin de compte, l'immensité du Pacifique profond a également eu raison des Lapita. Après les Samoa, éparpillées et distantes, se trouvent la Nouvelle-Zélande, les îles Cook, Tahiti, les îles Marquises, l'île de Pâques, Hawaï, et enfin la côte de l'Amérique du Sud. Les distances se mesurent ici en milliers de kilomètres, et les traversées nécessitent de gros bateaux, des mois en mer et des navigateurs expérimentés. Toujours est-il qu'il y a 1200 ans, les Polynésiens sont venus à bout des immenses étendues du grand large.

Les Polynésiens voyageant vers le sud ont découvert les îles Cook puis la Nouvelle-Zélande. D'autres sont partis vers l'est, s'arrêtant d'abord à Tahiti, puis aux îles Marquises, à l'île de Pâques et, enfin, comme en atteste la présence de patates douces en

Nouvelle-Zélande, ils ont atteint le littoral chilien. La patate douce est endémique d'Amérique, et sa présence dans les fermes polynésiennes de Nouvelle-Zélande prouve qu'au moins un groupe d'explorateurs polynésiens a non seulement visité l'Amérique du Sud, mais a aussi maintenu des relations commerciales par-delà près de 10 000 kilomètres d'océan.

Mais parmi tous leurs accomplissements de navigation, la découverte d'Hawaï reste peut-être le plus grand exploit de toute l'histoire humaine de l'exploration.

Hawaï est l'archipel le plus isolé du monde. C'est une anomalie géologique perdue au milieu de nulle part. L'archipel est si éloigné de tout qu'en découvrant qu'il était habité, de nombreux explorateurs européens ont pensé qu'il s'agissait de naufragés. Mais les simulations informatiques, les découvertes archéologiques et les reconstitutions du voyage ont permis de dissiper tout doute : la découverte d'Hawaï n'était pas accidentelle. Non seulement il n'existe aucune preuve étayant cette théorie, mais d'après l'archéologue Scott Fitzpatrick, les simulations des alizés et des courants du Pacifique indiquent qu'un voyage sans direction – quelle que soit sa terre de départ – n'aurait pour ainsi dire aucune chance d'aboutir à Hawaï. Les premières théories occidentales de la découverte accidentelle d'Hawaï prenaient le problème à l'envers. L'isolement de l'archipel n'est pas la raison pour laquelle il a dû être découvert par hasard, c'est la raison pour laquelle il n'a pas pu l'être.

D'après Scott Fitzpatrick, Hawaï n'a pu être découverte que par une recherche directe, à l'aide d'un bateau rapide prenant le large dans les premiers mois d'automne, très probablement depuis les îles Marquises.

Autrement dit, les colonisateurs du Pacifique Sud étaient des explorateurs maritimes héroïques, et celui qui a découvert Hawaï était sûrement le meilleur d'entre eux.

Qui était-il ?

Je l'appellerai Capitaine Kirk, en référence au génial explorateur de nouveaux mondes de *Star Trek*.

Kirk est né il y a près de 1000 ans sur les îles Marquises, un archipel également isolé, situé à 3700 kilomètres au sud-est d'Hawaï. Il existe très peu de récits contemporains de la culture marquisienne. Les Polynésiens orientaux de l'époque de Kirk n'utilisaient pas de système d'écriture et, lorsque les missionnaires européens ont débarqué au XVIIIe siècle, leurs maladies – surtout la variole – ont tué 98 % des habitants locaux. De ce fait, la majeure partie de ce que les anthropologues connaissent de cette ancienne culture de navigateurs a été rassemblée à partir d'indices archéologiques, d'entrées de journal consignées par les premiers visiteurs européens, des cultures polynésiennes voisines et de la topographie des îles elles-mêmes.

Les Marquisiens étaient des éleveurs-pêcheurs et non des chasseurs-cueilleurs. Kirk élevait des cochons et des poules domestiqués, cultivait du fruit à pain, du taro et de la patate douce, et pêchait et ramassait des coquillages le long des abondants récifs des Marquises. Ses habits étaient simples. Les îles étant tropicales et chaudes toute l'année, Kirk ne portait certainement qu'un pagne en écorce, mais décorait presque tout le reste de son corps.

En 1774, Charles Clerke, un marin participant à la célèbre expédition de James Cook dans le Pacifique Sud, écrivit que les Marquisiens étaient « tatoués de la tête aux pieds de la plus jolie manière qu'on puisse imaginer. » Expression de leur culture et de leurs croyances religieuses, les tatouages étaient pris très au sérieux par les Marquisiens qui les accumulaient tout au long de leur vie. Les artistes tatoueurs étaient des professionnels qui inséraient une encre à base de charbon sous la peau à l'aide d'aiguilles en os et d'un maillet. Leurs clients les payaient avec de la nourriture, des biens et des services, et leur art était à la fois onéreux et douloureux. En rentrant chez eux, les marins européens adoptèrent l'art du tatouage et le mot pour le désigner, tiré du marquisien « ta-tu ».

Kirk était très certainement couvert de tatouages, et ses oreilles étaient sûrement percées et décorées d'ivoire. Pour les grandes occasions, il portait des fleurs, une coiffe en plumes de coq, ou une couronne de dents de marsouin, si sophistiquée qu'il fallait des semaines pour la créer. Il décorait tout ce qu'il utilisait, car les Marquisiens ne considéraient pas leur art comme une simple création esthétique, mais comme un moyen de communiquer avec leurs nombreux dieux.

Il était peut-être aussi musicien. Les Marquisiens jouaient de la flûte nasale, et les récits des explorateurs européens racontent que les hommes jouaient souvent une sérénade aux femmes sous leur fenêtre, comme des adolescents éperdument amoureux, en jouant de la flûte nasale plutôt que de la guitare.

Kirk était aussi, sans nul doute, un guerrier.

Les Marquises sont des îles hautes et sèches avec des montagnes qui forment des vallées protégées, aux versants abrupts. Les îles hautes sont notoirement violentes. Leurs murs naturels empêchent la communication entre les groupes, et les relations entre les communautés isolées peuvent facilement dégénérer vers des règlements de compte incessants. En termes de périmètre et de pertes, leurs guerres étaient bien plus petites que celles de l'Europe du XXe siècle, organisées et appuyées par les États. Mais des observations anthropologiques ont montré que la violence continue entraînait souvent des taux d'homicide par habitant cinq fois plus élevés que ceux enregistrés en Europe au XXe siècle.

En conséquence de cette violence, Kirk pratiquait peut-être le sacrifice humain et le cannibalisme. Les premiers rapports anthropologiques laissent à penser que ces deux pratiques existaient aux Marquises et, d'après le politologue James Payne, le sacrifice humain est un résultat prévisible de la violence endémique. En dépit des stéréotypes, cette pratique était loin d'être limitée au Pacifique Sud ou aux religions locales. D'après James Payne, presque toutes les grandes religions ont procédé à des mises à mort rituelles à un moment ou un autre, car cette pratique n'a rien à voir avec les enseignements d'une religion donnée et est en fait un symptôme de violence chronique. Toujours selon l'expert, les violences fréquentes ont pour double conséquence de déprécier la valeur d'une vie et, en raison de son ubiquité, de convaincre les citoyens que leurs dieux les apprécient. Selon cette théorie, si la vie ne vaut rien, en offrir une pour s'attirer les bonnes grâces d'un dieu semble être une affaire rentable.

Mais plus qu'un guerrier, fermier, pêcheur ou musicien, Kirk était un marin.

Lorsque le capitaine Cook est arrivé à Hawaï en 1779, les Polynésiens orientaux avaient en grande partie abandonné les voyages longue distance ; il existe donc peu de sources nous expliquant comment Kirk a appris à naviguer. Mais d'après les témoignages de Tupaia, un navigateur tahitien qui se joignit à l'expédition de James Cook à bord du HMS *Endeavour*, et les récits et expériences de Mau Piailug, un navigateur micronésien né en 1932 sur l'île de Satawal, les spécialistes ont pu reconstituer une histoire plausible.

Kirk a probablement appris à naviguer auprès de son père ou de son grand-père, comme Mau Piailug, qui a commencé son éducation quand son grand-père lui a enseigné les ports, les vents et les courants du Pacifique Sud. Kirk a dû apprendre à s'orienter avec les étoiles et, à en juger par les témoignages directs de Tupaia, son éducation était plus proche d'un doctorat en astronomie que d'un apprentissage des constellations autour d'un feu de camp.

À bord du HMS *Endeavour* de James Cook, Tupaia informa le capitaine des angles de relèvement, des durées de navigation, des récifs dangereux, des ports et des chefs de tout l'archipel de la Société, des îles Australes, des îles Cook, des Samoa, des Tonga, des Tokelau et des Fidji. Les récits contemporains diffèrent, mais Tupaia a dessiné ou dicté de mémoire une carte couvrant plus de 25 millions de kilomètres carrés du Pacifique Sud et ses 130 îles. Joseph Marra, un aspirant à bord du HMS *Endeavour*, décrivit Tupaia comme « un homme de vrai génie » – un compliment extraordinaire de la part d'un groupe qui ne brille pas par son ouverture d'esprit à l'égard des cultures étrangères.

Étant donné que la culture polynésienne n'avait ni écriture ni cartes, Kirk a dû mémoriser une quantité faramineuse d'informations. Il devait connaître les étoiles et leurs azimuts. Il devait savoir à quelle saison elles apparaissaient, quand elles disparaissaient, et quelles étoiles étaient au zénith au-dessus de quelles îles. Au sujet des capacités de navigation des Polynésiens, James Cook a noté :

> *Les plus intelligents d'entre eux vous diront dans quelle partie du ciel [les étoiles] sont visibles chaque mois quand elles sont au-dessus de leur horizon. Ils connaissent aussi la date d'apparition et de disparition annuelle avec une grande précision, bien plus grande que celle d'un astronome européen.*

Les navigateurs les plus expérimentés ont certainement testé Kirk sur l'eau. Ils l'ont probablement envoyé sur des traversées en solo dans des zones où la perte de l'orientation l'aurait mené à une mort certaine. Il a dû souvent voguer vers les îles voisines des Marquises, et probablement traverser les 1400 kilomètres le séparant de Tahiti. Son bateau est parfois appelé « canoë », mais il me semble que le terme ait entraîné une mécompréhension des capacités de navigation polynésiennes, ayant permis à la théorie du flottement sans direction de se propager. En français, un canoë est quelque chose que l'on pourrait utiliser lors d'excursions sur un lac plat. Or, l'embarcation de Kirk n'a rien à voir avec cela.

Le « canoë » de Kirk, d'après la découverte d'anciennes coques et des histoires orales, était un catamaran à double coque de 25 mètres de long, avec une cuisinière, au moins deux voiles et un abri sur le pont. C'était une embarcation impressionnante que j'appellerai l'*Enterprise*.

Kirk a construit les coques de l'*Enterprise* dans le bois d'énormes tamanus et renforcé les planches pour augmenter leur capacité de charge. Il a tissé des fibres de noix de coco pour le gréement et a confectionné d'immenses voiles à partir de feuilles de palmier nattées. Les spécialistes pensent que la construction de ces énormes bateaux nécessitait tant de ressources que l'exploration des îles n'était pas qu'une quête secondaire de la culture polynésienne, mais un principe d'organisation.

Une fois terminé, l'*Enterprise* pouvait embarquer quarante personnes et suffisamment de nourriture et d'eau stockées dans des coquilles de noix de coco pour plusieurs mois. L'eau, à elle seule, aurait pesé plus de 4500 kilos. L'*Enterprise* aurait pu emporter un kit de démarrage pour occuper une île, incluant des couples reproducteurs de cochons, des poules, des patates douces, des ignames, des fruits à pain et des graines, mais lors des premiers voyages d'exploration de Kirk, les échecs étaient si fréquents qu'il n'aurait sûrement emmené avec lui que son équipage et les provisions nécessaires pour terminer une quête.

Vers la quarantaine, Kirk était un navigateur aguerri du grand large. Peut-être avait-il déjà vogué en direction de l'est – vers l'île de Pâques – et de l'ouest – vers Tahiti et les îles Cook. Mais lors du voyage au cours duquel il a découvert Hawaï, il avait décidé de prendre la route du nord. Les Polynésiens n'avaient connaissance d'aucune terre dans cette direction, et son inspiration reste donc un mystère. Peut-être, comme le propose l'archéologue Patrick Kirch dans son livre *A Shark Going Inland Is My Chief*, que le vol d'un oiseau – le pluvier doré du Pacifique – avait attiré son attention.

Le pluvier doré du Pacifique est un petit oiseau marron et jaune qui cherche de la nourriture le long des plages et des replats de marée. Pendant six mois, il s'installe aux Marquises avant de prendre son envol vers le nord en avril. Six mois plus tard, il revient. Quand le capitaine Cook observa le pluvier au-dessus de son bateau en 1778, il nota dans son journal : « N'est-ce pas un indice qu'il doit y avoir une terre au nord où ces oiseaux se retirent la saison venue pour se reproduire ? » Kirk s'est peut-être posé la même question près de mille ans avant lui.

Pourtant, dans son observation, il fut chanceux. L'incroyable migration du pluvier ne s'arrête pas à Hawaï, mais continue sans relâche jusqu'à la côte de l'Alaska.

D'après les simulations du voyage de Kirk produites par les modèles météorologiques de Scott Fitzpatrick, Kirk aurait eu le plus de chances de découvrir Hawaï en mettant les voiles en novembre, lorsque les vents alizés sont favorables. Pour tout départ autre qu'à l'automne, les modèles ne lui donnent aucune chance de naviguer la distance nécessaire avant d'être contraint de rentrer chez lui.

Pendant sa traversée, Kirk naviguait en surveillant sa latitude et sa longitude. Calculer sa latitude était relativement simple : Kirk n'avait qu'à mesurer la hauteur des étoiles nocturnes ou du soleil à midi au-dessus de l'horizon. Estimer sa longitude était une autre paire de manches. Pour y parvenir, il utilisait probablement une méthode que les navigateurs appellent « la navigation à l'estime », qui signifie qu'il déterminait sa position en fonction de la direction des vents, des houles, de la trajectoire de vol des oiseaux migrateurs, des positions des étoiles, de la trajectoire du soleil et de sa vitesse estimée sur l'eau, tout en tenant compte des courants. Avec cette méthode, dormir est inévitablement exclu. Les adeptes modernes de la navigation à l'estime restent à la barre 22 heures par jour et délèguent les deux dernières à un camarade de confiance pour continuer de surveiller leur vitesse et le courant.

En naviguant, Kirk était à l'affût de tout signe indiquant la présence d'une île proche. Des oiseaux de rivage, la réfraction de la houle, des tortues de mer, des débris flottants ou des nuages qui s'amassent à l'horizon auraient pu l'alerter de la présence d'une terre. Dans des conditions normales, les simulations par ordinateur estiment que Kirk a avancé à une vitesse moyenne de trois nœuds pendant son voyage, ce qui signifie qu'après vingt-quatre jours en mer, il a peut-être repéré des mouettes, un changement dans l'incidence de la houle ou des nuages stagnant au-dessus du Mauna Kea, un volcan d'Hawaï culminant à environ 4 200 mètres.

Personne ne sait sur quelles côtes Kirk a débarqué. James Cook a choisi d'accoster dans la baie de Waimea sur l'île de Kauai lors de son premier voyage, et dans la baie de Kealakekua sur l'île d'Hawaï lors du deuxième ; mais, où qu'il ait débarqué, Kirk a dû trouver un véritable paradis. Les récifs étaient parsemés de conques de la taille d'une assiette et de grands oiseaux incapables de voler fournissaient des repas faciles. Pourtant, il n'a pas dû y rester longtemps. La plupart des spécialistes pensent que les premiers voyages des Polynésiens étaient exploratoires. Kirk a donc sûrement refait le plein de provisions, confirmé que l'île était habitable et levé les voiles.

Côté navigation, le voyage de retour était bien plus périlleux. Après un mois en mer, il serait arrivé à la bonne latitude, mais il aurait ensuite dû faire un terrible choix. Était-il à l'est des Marquises ou à l'ouest ?

Jusqu'à la fin du XVIIe siècle, les marins parlaient du « problème des longitudes » pour désigner le dilemme de Kirk. Il s'agit du manque d'indications célestes qu'offre le ciel à un marin sur son positionnement est-ouest, à l'exception de différences imperceptibles dans l'heure du lever et du coucher du soleil (qu'on qualifierait aujourd'hui de décalage horaire ou *jet lag*). Si Kirk avait fait une petite erreur de calcul de sa vitesse ou du courant, ou si une tempête l'avait dévié de son cap, il aurait facilement pu faire le mauvais choix et vogué vers une mort certaine. Sa vie dépendait de chacune des observations qu'il faisait au cours de son voyage pour éviter de naviguer vers le néant.

Sept cents ans après Kirk, George Anson, commodore britannique, se trouva dans la même situation délicate alors qu'il dirigeait le *Centurion*. Des tempêtes au sud de Tierra del Fuego avaient perturbé sa navigation et immobilisé son navire et, tandis que son équipage était décimé par le scorbut, il chercha du répit dans l'archipel Juan Fernandez. Il mena son bateau à la bonne latitude, mais ayant perdu le suivi de sa longitude, il ne savait pas s'il devait partir vers l'est ou l'ouest. Il choisit les deux, et passa des jours à zigzaguer au large des côtes hostiles du Chili. Quatre-vingts membres de son équipage périrent avant qu'il ne trouve un port.

Quand le capitaine James Cook en personne chercha les îles Marquises, il s'appuya sur les calculs précédents du capitaine Álvaro de Mendaña, qui avait été le premier Européen à les atteindre, en 1595. Ce dernier avait noté la bonne latitude des îles, mais sa longitude laissait une marge d'erreur de 1100 kilomètres – soit presque la largeur du Texas. James Cook trouva les îles, car il savait qu'il venait de l'est des Marquises. Il n'eut qu'à naviguer à la bonne latitude puis à se diriger plein ouest jusqu'à apercevoir la terre – une technique connue comme la navigation le long de la longitude.

Étant donné que Kirk rentrait depuis le nord, cela n'aurait pas été une option pour lui. En arrivant à la bonne latitude, il n'aurait pas eu le temps de naviguer le long d'une erreur de la taille du Texas dans ses estimations. Il lui aurait fallu savoir s'il devait partir vers l'est ou vers l'ouest.

Les marins européens étaient incapables de mesurer leur longitude jusqu'en 1761, quand un horloger anglais du nom de John Harrison construisit une montre donnant l'heure avec une précision extraordinaire pendant des mois. Comment Kirk y est-il parvenu ? Cela reste un mystère. Certains experts émettent la supposition qu'il ait eu un moyen de déterminer sa longitude grâce à une technique inconnue et perdue depuis longtemps, développée pendant des milliers d'années de colonisation des îles. Comme l'écrit Geoffrey Irwin dans *Voyaging and Settlement* : « Il est possible que [...] ces grands navigateurs aient eu conscience du zénith d'étoiles de nombreuses îles, et qu'ils aient pu construire un algorithme permettant à un marin de naviguer à l'ouest de leur terre d'origine sans crainte. »

Une fois rentré aux Marquises, Kirk est certainement reparti en emmenant un groupe de colonisateurs – peut-être dans plusieurs bateaux, chacun portant quarante personnes ainsi que les animaux et les graines qu'il leur faudrait pour démarrer une nouvelle colonie. À leur arrivée, il semblerait qu'ils aient brûlé de grandes étendues de forêt pour leurs fermes, et qu'en l'espace d'une génération, ils aient chassé les grands oiseaux jusqu'à extinction. Ce territoire vierge et ses sols fertiles ont entraîné un boom démographique. À l'époque où James Cook est arrivé, près de 800 ans plus tard, on estime qu'un demi-million de personnes vivaient sur les îles.

Quant à Kirk, il a probablement continué de naviguer. Pendant des siècles, les îles de Polynésie orientales sont restées en contact les unes avec les autres. Les histoires orales polynésiennes parlent d'anciens navigateurs ayant vogué entre Tahiti et Hawaï, et on trouve sur l'île de Tahiti des outils anciens réalisés dans des pierres hawaïennes. Mais en fin de compte, la tradition se perdit. Peut-être que, comme le propose Patrick Kirch, une fois que la population hawaïenne avait atteint un certain seuil, ils ont reconcentré leurs efforts sur la navigation entre les îles. Des dizaines de bateaux accueillirent le capitaine Cook lorsqu'il accosta sur l'île de Kauai, mais aucun d'entre eux n'était d'une envergure semblable à celle de l'*Enterprise*. Mais même si les anciens catamarans avaient disparu, James Cook ne doutait pas un seul instant des capacités de navigation des Polynésiens. Il fut toujours convaincu du fait que leur colonisation avait été intentionnelle.

En 2014, des archéologues ont trouvé dans une grotte en Israël un petit morceau de crâne vieux de 55 000 ans. Ce petit bout d'os représente le début de l'exploration du monde habitable par l'*Homo sapiens* moderne.

Cinquante-quatre mille ans plus tard, la découverte d'Hawaï par Kirk en marquait la fin.

Remerciements

Je n'aurais jamais pu songer à cette idée et encore moins lui donner vie sans la générosité extraordinaire de tant de personnes de la communauté scientifique, qui m'ont fait don de leur patience, de leurs recherches et de leur temps. Les personnes m'ayant apporté leur aide sont bien trop nombreuses pour être toutes mentionnées ici, mais certaines ont joué un rôle plus grand que d'autres. Il va sans dire que les potentielles erreurs contenues dans les pages précédentes ne relèvent que de ma responsabilité, mais soyez certains qu'elles auraient été bien plus nombreuses sans l'aide précieuse des personnes citées ci-dessous.

Merci à Bill Durham pour son inspiration, ses présentations et ses conseils lorsque ce livre n'était encore qu'une idée. Merci à Cara Wall-Scheffler et Tate Paulette pour leurs idées, commentaires et corrections. Merci à Keith Devlin, John Rick, Seth Rasmussen, Richard Klein et Robert Siegel – et ses étudiants ! – pour leur temps et pour leurs patientes explications. Merci à Patrick Hunt pour son aide dans la résolution d'une vieille affaire non élucidée. Et merci à Jana Matuszak pour ses déchiffrages de très, très anciennes blagues.

Merci aux membres de ma famille et à mes amis qui ont lu des ébauches et fait des suggestions. Merci à Kevin Plottner pour ses aptitudes en cartographie et horlogerie. Merci à Alia Hanna Habib pour sa représentation, ses conseils et ses encouragements. Merci à Shannon Kelly et aux nombreux membres de l'équipe Penguin qui ont aidé à guider ce livre à chaque étape. Et un grand merci à ma merveilleuse éditrice Meg Leder d'avoir si habilement guidé ces récits.

Sources et lectures complémentaires

Qui a inventé les inventions ?

Byrne, Richard, *The Manual Skills and Cognition That Lie Behind Hominid Tool Use,* Cambridge, Royaume-Uni, Cambridge University Press, 2004.

Currier, Richard, *Unbound : How Eight Technologies Made Us Human and Brought Our World to the Brink,* New York, Arcade Publishing, 2015.

DeSilva, Jeremy M., *A Shift Toward Birthing Relatively Large Infants Early in Human Evolution,* Proceedings of the National Academy of Sciences (janvier 2011).

Falk, Dean, *Prelinguistic Evolution in Early Hominins : Whence Motherese ?,* Behavioral and Brain Sciences (août 2004).

Goodall, Jane, *Ma Vie avec les chimpanzés,* Éd. École des loisirs, Coll. Neuf, Paris, 1989.

Henrich, Joe, *L'intelligence collective : comment expliquer la réussite de l'espèce humaine,* Éd. Les Arènes, Paris, 2019.

Rosenberg, Karen, et coll., *Did Australopithecines (or Early Homo) Sling ?,* Behavioral and Brain Sciences (août 2004).

Stringer, Chris, *Survivants : pourquoi nous sommes les seuls humains sur Terre,* Éd. Gallimard, Coll. NRF Essais, Paris, 2014.

Taylor, Timothy, *The Artificial Ape : How Technology Changed the Course of Human Evolution,* New York, St. Martin's Press, 2010.

Wall-Scheffler, Cara, et coll., *Infant Carrying : The Role of Increased Locomotory Costs in Early Tool Development,* American Journal of Physical Anthropology (juin 2007).

Walter, Chip, *The Last Ape Standing : The Seven-Million-Year Story of How and Why We Survived*, New York, Bloomsbury, 2013.

Wong, Kate, *Why Humans Give Birth to Helpless Babies*, Scientific American, août 2012.

Qui a découvert le feu ?

Aeillo, Leslie, et Peter Wheeler, « The Expensive-Tissue Hypothesis », *Current Anthropology* (avril 1995).

« Bonobo Builds a Fire and Toasts a Marshmallow », *Monkey Planet*, BBC One, 2014.

Bramble, Dennis, et Daniel Lieberman, « Endurance Running and the Evolution of Homo », *Nature* (novembre 2004).

Carmody, Rachel N., et Richard W. Wrangham, « The Energetic Significance of Cooking », *Journal of Human Evolution* (2009).

Hoberg, E. P., et coll., « Out of Africa : Origins of the Taenia Tapeworms in Humans », *Proceedings of the Royal Society Biological Sciences* (avril 2001).

McGee, Harold, *On Food and Cooking : The Science and Lore of the Kitchen*, New York, Scribner, 1984.

Plavcan, J. Michael, « Body Size, Size Variation, and Sexual Size Dimorphism in Early Homo », *Current Anthropology* (décembre 2012).

Pruetz, Jill D., et Nicole M. Herzog, « Savanna Chimpanzees at Fongoli, Senegal, Navigate a Fire Landscape », *Current Anthropology* (août 2017).

Raffaele, Paul, « Speaking Bonobo », *Smithsonian Magazine*, novembre 2006.

Salzberg, Hugh, *From Caveman to Chemist : Circumstances and Achievements*, Washington, DC, American Chemical Society, 1991.

Sorensen, A. C., et coll., « Neanderthal Fire-Making Technology Inferred from Microwear Analysis », *Scientific Reports* (juillet 2018).

Theunissen, Bert, « Eugène Dubois and the Ape – Man from Java », Dordrecht, Pays-Bas, Kluwer Academic Publishers Group, 1988.

Wade, Nicholas, *Before the Dawn : Recovering the Lost History of Our Ancestors*, New York, Penguin Press, 2006.

Wrangham, Richard, *Catching Fire : How Cooking Made Us Human,* New York, Basic Books, 2009.

Qui a mangé la première huître ?

Caspari, Rachel, et Sang-Hee Lee, « Older Age Becomes Common Late in Human Evolution », *Proceedings of the National Academy of Sciences* (juillet 2004).

Frisch, Rose, et Janet McArthur, « Menstrual Cycles : Fatness as a Determinant of Minimum Weight for Height Necessary for Their Maintenance or Onset », *Science* (octobre 1974).

Kelly, Robert L., *The Lifeways of Hunter Gatherers : The Foraging Spectrum*, Cambridge, Royaume-Uni, Cambridge University Press, 2013.

Klein, Richard, et Blake Edgar, *The Dawn of Human Culture*, New York, John Wiley, 2002.

Lee, Richard Borshay, *The !Kung San : Men, Women, and Work in a Foraging Society,* Cambridge, Royaume-Uni, Cambridge University Press, 1979.

Marean, Curtis, et coll., « Early Human Use of Marine Resources and Pigment in South Africa During the Middle Pleistocene », *Nature* (octobre 2007).

National Cancer Institute, « Age and Cancer Risk », Cancer.gov, avril 2015.

Shea, John, « The Middle Paleolithic of the East Mediterranean Levant », *Journal of World Prehistory* (janvier 2003).

Trinkaus, Erik, et coll., « Anatomical Evidence for the Antiquity of Human Footwear Use », *Journal of Archaeological Science* (août 2005).

Qui a inventé le vêtement ?

Brown, Donald E., *Human Universals*, New York, McGraw – Hill Humanities/Social Sciences/Languages, 1991.

DeMenocal, Peter, et Chris Stringer, « Climate and the Peopling of the World », *Nature* (octobre 2016).

Gilligan, Ian, « The Prehistoric Development of Clothing : Archaeological Implications of a Thermal Model », *Journal of Archaeological Method and Theory* (janvier 2010).

Hayden, Brian, « Practical and Prestige Technologies : The Evolution of Material Systems », *Journal of Archaeological Method and Theory* (mars 1998).

Hogenboom, Melissa, « We Did Not Invent Clothes Simply to Stay Warm », BBC Earth, septembre 2016.

Kittler, Ralf, Manfred Kayser, et Mark Stoneking, « Molecular Evolution of Pediculus Humanus and the Origin of Clothing », *Current Biology* (août 2003).

Papagianni, Dimitra, et Michael A. Morse, *The Neanderthals Rediscovered : How Modern Science Is Rewriting Their Story*, New York, Thames & Hudson, 2013.

Pinker, Steven, *Comprendre la nature humaine*, Éd. Odile Jacob, Paris, 2005.

Rodgers, Alan, et coll., « Genetic Variation at the MC1R Locus and the Time since Loss of Human Body Hair », *Current Anthropology* (2004).

Ruddiman, William, *La Charrue, la peste et le climat*, Éd. Randall, Paris, 2009.

St. Clair, Kassia, *The Golden Thread : How Fabric Changed History*, Londres, John Murray, 2018.

Toups, Melissa, et coll., « Origin of Clothing Lice Indicates Early Clothing Use by Anatomically Modern Humans in Africa », *Molecular Biology and Evolution* (janvier 2011).

Wales, Nathan, « Modeling Neanderthal Clothing Using Ethnographic Analogues », *Journal of Human Evolution* (décembre 2012).

Zinsser, Hans, *Rats, Lice and History*, Boston, Massachusetts, Little, Brown and Company, 1934.

Qui a tiré la première flèche ?

Alexander, Gerianne, et Melissa Hines, « Sex Differences in Response to Children's Toys in Nonhuman Primates (*Cercopithecus aethiops sabaeus*) », *Evolution and Human Behavior* (novembre 2002), p. 464-479.

Backwell, Lucinda, et coll., « The Antiquity of Bow-and-Arrow Technology : Evidence from Middle Stone Age Layers at Sibudu Cave », *Antiquity* (avril 2018).

Churchill, Steven, « Weapon Technology, Prey Size Selection, and Hunting Methods in Modern Hunter-Gatherers : Implications for Hunting in the Palaeolithic and Mesolithic », *Archaeological Papers of the American Anthropological Association* (janvier 1993).

Churchill, Steven, et coll., « Shanidar 3 Neandertal Rib Puncture Wound and Paleolithic Weaponry », *Journal of Human Evolution* (août 2009).

Farmer, Malcolm, « The Origins of Weapon Systems », *Current Anthropology* (décembre 1994).

Kennett, Douglas, « Sociopolitical Effects of Bow and Arrow Technology in Prehistoric Coastal California », *Evolutionary Anthropology Issues News and Reviews* (mai 2013).

Kratschmer, Alexandra Regina, et coll., « Bow-and-Arrow Technology : Mapping Human Cognition and Perhaps Language Evolution », *The Evolution of Language : The Proceedings of the 10th International Conference*, 2014.

Kroeber, Theodora, *Ishi : testament du dernier Indien sauvage de l'Amérique du Nord*, Éd. Plon, coll. Terre humaine, 1981.

Lombard, Marlize, « Indications of Bow and Stone-Tipped Arrow Use 64 000 Years Ago in KwaZulu-Natal, South Africa », *Antiquity* (septembre 2010).

Lombard, Marlize, et Miriam Noël Haidle, « Thinking a Bow-and-Arrow Set : Cognitive Implications of Middle Stone Age Bow and Stone-Tipped Arrow Technology », *Cambridge Archaeological Journal* (juin 2012).

Sisk, Matthew, et John Shea, « Experimental Use and Quantitative Performance Analysis of Triangular Flakes (Levallois Points) Used As Arrowheads », *Journal of Archaeological Science* (septembre 2009).

Wadley, Lyn, et coll., « Traditional Glue, Adhesive and Poison Used for Composite Weapons by Ju/'hoan San in Nyae Nyae, Namibia. Implications for the Evolution of Hunting Equipment in Prehistory », *PLoS ONE* (octobre 2015).

Yu, Pei-lin, « From Atlatl to Bow and Arrow : Implicating Projectile Technology in Changing Systems of Hunter-Gatherer Mobility », *in Archaeology and Ethnoarchaeology of Mobility*, Pei-lin Yu, Gainesville, Floride, University of Florida Press, 2006.

Qui a peint le premier chef-d'œuvre ?

McAuliffe, Kathleen, « If Modern Humans Are So Smart, Why Are Our Brains Shrinking? », *Discover* (septembre 2010).

Chauvet, Jean-Marie, Eliette Brunel Deschamps, et Christian Hillaire, *La Grotte Chauvet à Vallon Pont-d 'Arc*, Éd. Seuil, Paris, 1995.

Clottes, Jean, *Cave Art*, New York, Phaidon Press, 2010.

Conard, Nicholas, « New Flutes Document the Earliest Musical Tradition in Southwestern Germany », *Nature* (août 2009).

Curtis, Gregory, *The Cave Painters : Probing the Mysteries of the World's Prehistoric Artists*, New York, Random House, 2008.

Franses, P. H, « When Do Painters Make Their Best Work ? », *Creativity Research Journal* (2013), p. 457-462.

Fu, Qiaomei, et coll., « The Genetic History of Ice Age Europe », *Nature* (9 juin 2016).

Herzog, Werner (réalisé par), *La Grotte des rêves oubliés*, Distrib. Metropolitan FilmExport, 2010.

Lotzof, Kerry, « Cheddar Man : Mesolithic Britain's Blue-Eyed Boy », site Internet du Natural History Museum, février 2018 (mis à jour en avril 2018), https://www.nhm.ac.uk/discover/cheddar-man-mesolithic-britain-blue-eyed-boy.html.

Robinson, John, « Return to the Chauvet Cave », Bradshaw Foundation website, 2001.

Théry-Parisot, Isabelle, et coll., « Illuminating the Cave, Drawing in Black : Wood Charcoal Analysis at Chauvet – Pont d'Arc », *Antiquity* (avril 2018).

Thurman, Judith, « First Impressions », *New Yorker*, juin 2008.

Qui a découvert l'Amérique ?

Abbott, Alison, « Mexican Skeleton Gives Clue to American Ancestry », *Nature* (mai 2014).

Bourgeon, Lauriane, et coll., « Earliest Human Presence in North America Dated to the Last Glacial Maximum : New Radiocarbon Dates from Bluefish Caves, Canada », *PLoS One* (janvier 2017).

Cinq-Mars, Jacques, et Richard E. Morlan, « Bluefish Caves and Old Crow Basin : A New Rapport », *Ice Age Peoples of North America. Environments, Origins, and Adaptations of the First Americans*, Robson Bonnichsen and Karen L. Turnmire, College Station, Texas A&M University Press, Center for the Study of the First Americans, 1999.

Erlandson, Jon, et coll., « The Kelp Highway Hypothesis : Marine Ecology, the Coastal Migration Theory, and the Peopling of the Americas », *Journal of Island and Coastal Archaeology* (octobre 2007).

Fagundes, Nelson, et coll., « How Strong Was the Bottleneck Associated to the Peopling of the Americas ? New Insights from Multilocus Sequence Data », *Genetics and Molecular Biology* 41 (2018), p. 206-214.

Goebel, Ted, « The Archaeology of Ushki Lake, Kamchatka, and the Pleistocene Peopling of the Americas », *Science* (2003).

Graf, Kelly E., Caroline V. Ketron, et Michael R. Waters, *Paleoamerican Odyssey*, College Station, Texas A&M University Press, 2014.

Lesnek, Alia, et coll., « Deglaciation of the Pacific Coastal Corridor Directly Preceded the Human Colonization of the Americas », *Science Advances* (mai 2018).

Potter, Ben A., « A Terminal Pleistocene Child Cremation and Residential Structure from Eastern Beringia », *Science* (février 2011).

Pringle, Heather, « Welcome to Beringia », *Science* (février 2014).

Ruhlen, Merritt, *L'Origine des langues : sur les traces de la langue mère*, Éd. Belin, Paris, 1997.

Sikora, Martine, et coll., « Ancient Genomes Show Social and Reproductive Behavior of Early Upper Paleolithic Foragers », *Science* (novembre 2017).

Skoglund, Pontus, et David Reich, « A Genomic View of the Peopling of the Americas », *Current Opinion in Genetics & Development* (décembre 2016), p. 27-35.

Tamm, Erika, et coll., « Beringian Standstill and Spread of Native American Founders », *PLoS ONE* (septembre 2007).

Qui a bu la première bière ?

Bostwick, William, *The Brewer's Tale : A History of the World According to Beer*, New York, W. W. Norton, 2014.

Braidwood, Robert J., et coll., « Did Man Once Live by Beer Alone ? », *American Anthropologist* 55, n° 4 (octobre 1953).

Gallone, Brigida, et coll., « Domestication and Divergence of *Saccharomyces cerevisiae* Beer Yeasts », *Cell* (septembre 2016).

Hayden, Brian, et coll., « What Was Brewing in the Natufian ? An Archaeological Assessment of Brewing Technology in the Epipaleolithic », *Journal of Archaeological Method and Theory* (mars 2013).

Hobhouse, Henry, *Les graines du changement : six plantes qui ont transformé l'humanité*, Éd. Regain de lecture, Orléans, 2012.

Katz, Solomon, et Mary Voigt, « Bread and Beer : The Early Use of Cereals in the Human Diet », *Expeditions* 28, n° 2 (1986), p. 23-35.

Legras, J. L., et coll., « Bread, Beer and Wine : *Saccharomyces cerevisiae* Diversity Reflects Human History », *Molecular Ecology* (mai 2007).

Moore, A. M. T., et coll., « The Excavation of Tell Abu Hureyra in Syria : A Preliminary Report », *Proceedings of the Prehistoric Society* (1975).

National Geographic, « What the World Eats », site Internet du National Geographic, avril 2019 (https://www.nationalgeographic.com/what-the-world-eats).

Paulette, Tate, et Michael Fisher, « Potent Potables of the Past : Beer and Brewing in Mesopotamia », *Ancient Near East Today* 5, n° 4 (avril 2017).

Rodger, N.A.M, *The Command of the Ocean : A Naval History of Britain, 1649-1815*, New York, Penguin Books, 2006.

Smalley, John, et Michael Blake, « Sweet Beginnings : Stalk Sugar and the Domestication of Maize », *Current Anthropology* (décembre 2003).

Standage, Tom, *L'Histoire du monde en six verres*, Éd. Kero, Paris, 2019.

Yaccino, Steven, « For Its Latest Beer, a Craft Brewer Chooses an Unlikely Pairing : Archaeology », *New York Times*, juin 2013.

Qui a réalisé la première opération chirurgicale ?

Albanèse, J., et coll., « Decompressive Craniectomy for Severe Traumatic Brain Injury : Evaluation of the Effects at One Year », *Critical Care Medicine* (octobre 2003).

Alt, Kurt W., et coll., « Evidence for Stone Age Cranial Surgery », *Nature* (juin 1997).

Butterfield, Fox, « Historical Study of Homicide and Cities Surprises the Experts », *New York Times*, octobre 1994.

Faria, Miguel A., « Neolithic Trepanation Decoded : A Unifying Hypothesis : Has the Mystery As to Why Primitive Surgeons

Performed Cranial Surgery Been Solved ? », *Surgical Neurology International* (mai 2015).

Henshcen, Folke, *The Human Skull : A Cultural History*, Santa Barbara, Californie, Praeger Publishers, 1965.

Hershkovitz, I., « Trephination : The Earliest Case in the Middle East », *Mitekufat Haeven : Journal of the Israel Prehistoric Society* (1987), p. 128-135.

Lv, Xianli, et coll., « Prehistoric Skull Trepanation in China », *World Neurosurgery* (décembre 2013), p. 897-899.

Meyer, Christian, et coll., « The Massacre Mass Grave of Schöneck-Kilianstädten Reveals New Insights into Collective Violence in Early Neolithic Central Europe », *PNAS* (septembre 2015).

Olalde, Iñigo, et coll., « A Common Genetic Origin for Early Farmers from Mediterranean Cardial and Central European LBK Cultures », *Molecular Biology and Evolution* (décembre 2015), p. 3132-3142.

Petrone, Pierpaolo, et coll., « Early Medical Skull Surgery for Treatment of PostTraumatic Osteomyelitis 5 000 Years Ago », *PloS One* (mai 2015).

Prioreschi, Plinio, *A History of Medicine : Primitive and Ancient Medicine*, Horatius Press, 2002.

Rudgley, Richard, *The Lost Civilizations of the Stone Age*, New York, Free Press, 1999.

Sigerist, Henry, *A History of Medicine Volume 1 : Primitive and Archaic Medicine*, Oxford, Royaume-Uni, Oxford University Press, 1951.

Verano, John, *Holes in the Head : The Art and Archaeology of Trepanation in Ancient Peru*, Cambridge, Massachusetts, Harvard University Press, 2016.

Watson, Traci, « Amazing Things We've Learned from 800 Ancient Skull Surgeries », *National Geographic*, juin 2016.

Qui a été le premier à monter à cheval ?

Anthony, David, *The Horse, the Wheel, and Language : How Bronze-Age Riders from the Eurasian Steppes Shaped the Modern World*, Princeton, New Jersey, Princeton University Press, 2007.

Anthony, David, et Dorcas Brown, « Horseback Riding and Bronze Age Pastoralism in the Eurasian Steppes », *in Reconfiguring the Silk Road*, Victor Mair and Jane Hickman, Philadelphie, Pennsylvanie, University of Pennsylvania Press et Museum of Archaeology and Anthropology, 2014.

Chang, Will, et coll., « Ancestry-Constrained Phylogenetic Analysis Supports the Indo-European Steppe Hypothesis », *Language* (janvier 2015).

Diamond, Jared, *De l'inégalité parmi les sociétés : essai sur l'homme et l'environnement dans l'histoire*, Éd. Gallimard, Coll. NRF Essais, Paris, 2000.

Haak, Wolfgang, et coll., « Massive Migration from the Steppe Is a Source for IndoEuropean Languages in Europe », *Nature* (juin 2015).

Olsen, Sandra, « Early Horse Domestication on the Eurasian Steppe », *Documenting Domestication : New Genetic and Archaeological Paradigms* (2006), p. 245-269.

Outram, Alan K., et coll., « The Earliest Horse Harnessing and Milking », *Science* (mars 2009).

Qui a inventé la roue ?

Anthony, David, *The Horse, the Wheel, and Language : How Bronze-Age Riders from the Eurasian Steppes Shaped the Modern World*, Princeton, New Jersey, Princeton University Press, 2007.

Anthony, David W., et Don Ringe, « The Indo-European Homeland from Linguistic and Archaeological Perspectives », *Annual Review of Linguistics* 1 (2015), p. 199-219.

Bouckaert, Remco, et coll., « Mapping the Origins and Expansion of the IndoEuropean Language Family », *Science* (2012).

Callaway, Ewen, « Bronze Age Skeletons Were Earliest Plague Victims », *Nature* (octobre 2015).

Charnay, Désiré, *Mes découvertes au Mexique et dans l'Amérique du centre*, Éd. Decoopman, Nîmes, 2012.

Hassett, Janice, et coll., « Sex Differences in Rhesus Monkey Toy Preferences Parallel Those of Children », *Hormones and Behavior* (août 2008), p. 359-364.

Rasmussen, Simon, et coll., « Early Divergent Strains of Yersinia pestis in Eurasia 5 000 Years Ago », *Cell* (octobre 2015).

Reinhold, Sabine, et coll., « Contextualising Innovation : Cattle Owners and Wagon Drivers in the North Caucasus and Beyond », *in Appropriating Innovations : Entangled Knowledge in Eurasia, 5000-150 BCE*, Oxford, Royaume-Uni, Oxbow Books, 2017.

Vogel, Steven, *Why the Wheel Is Round : Muscles, Technology, and How We Make Things Move*, Chicago, Illinois, University of Chicago Press, 2016.

Williams, Christina, et Kristen Pleil, « Toy Story : Why Do Monkey and Human Males Prefer Trucks ? », *Hormones and Behavior* (mai 2008).

Qui était le meurtrier du premier mystère criminel ?

Bowles, Samuel, et coll., « Did Warfare Among Ancestral Hunter-Gatherers Affect the Evolution of Human Social Behaviors ? », *Science* (juin 2009), p. 1293-1298.

Brennan, Bonnie, et David Murdock, *Nova : « Iceman Reborn. »*, produit et réalisé par Bonnie Brennan. Arlington, VA, PBS, février 2016.

Bulger, Burkhard, « Sole Survivor », *New Yorker*, février 2005.

Butterfield, Fox, « Historical Study of Homicide and Cities Surprises the Experts », *New York Times*, octobre 1994.

Feltman, Rachel, « What Was Otzi The Iceman Wearing When He Died ? Pretty Much the Entire Zoo », *Washington Post*, août 2016.

Hanawalt, Barbara A., « Violent Death in Fourteenth and Early Fifteenth Century England », *Comparative Studies in Society and History* 18, n° 3 (juillet 1976), p. 297-320.

Müller, Wolfgang, et coll., « Origin and Migration of the Alpine Iceman », *Science* (2003), p. 862-866.

Nordland, Rod, « Who Killed the Iceman ? Clues Emerge in a Very Cold Case », *New York Times*, mars 2017.

Oeggl, Klaus, et coll., « The Reconstruction of the Last Itinerary of Ötzi, the Neolithic Iceman, by Pollen Analyses from Sequentially Sampled Gut Extracts », *Quaternary Science Reviews* 26 (2007), p. 853-861.

Pinker, Steven, *La Part d'ange en nous : histoire de la violence et de son déclin*, Éd. Les Arènes, Paris, 2017.

Wrangham, Richard W., et coll., « Comparative Rates of Violence in Chimpanzees and Humans », *Primates* (janvier 2006).

Qui était la première personne dont on connaît le nom ?

Alster, Bendt, *Proverbs of Ancient Sumer : The World's Earliest Proverb Collections*, Potomac, Capital Decisions, University Press of Maryland, 1997.

Bohn, Lauren E, « Q & A : Lucy Discoverer Donald C. Johanson », *Time*, mars 2009.

Devlin, Keith, *The Math Gene : How Mathematical Thinking Evolved and Why Numbers Are Like Gossip*, New York, Basic Books, 2000.

Fischer, Steven Roger, *A History of Writing*, Londres, Reaktion Books, 2001.

Graeber, David, *Dette : 5 000 ans d'histoire*, Éd. Les liens qui libèrent, Paris, 2013.

Harari, Yuval Noah, *Sapiens : une brève histoire de l'humanité*, Éd. Albin Michel, Paris, 2019.

Haub, Carl, « How Many People Have Ever Lived on Earth ? », *Population Today* (février 1995).

Nissen, Hans, Peter Damerow et Robert Endlund, *Archaic Bookkeeping*, Chicago, Illinois, University of Chicago Press, 1994.

Renn, Jürgen, « Learning from Kushim About the Origin of Writing and Farming : Kushim Clay Tablet (c. 3200-3 000 BCE) », *Erlenmeyer Collection* (2014).

Sagona, Tony, « The Wonders of Ancient Mesopotamia : How Did Writing Begin ? », *The Wonders of Ancient Mesopotamia* Lecture Series, University of Melbourne, Museum Melbourne, 2012.

Schmandt-Besserat, Denise, *How Writing Came About*, Austin, University of Texas Press, 1997.

Scott, James C., *Homo domesticus : une histoire profonde des premiers États*, Éd. La Découverte, Paris, 2019.

Shoumatoff, Alex, *The Mountain of Names : A History of the Human Family*, New York, Kodansha International, 1985.

Stadler, Friedrich, *Integrated History and Philosophy of Science : Problems, Perspectives, and Case Studies*, New York, Springer, 2017.

Qui a découvert le savon ?

Adams, Robert, *Heartland of Cities : Surveys of Ancient Settlement and Land Use on the Central Floodplain of the Euphrates*, Chicago, Illinois, University of Chicago Press, 1981.

Bhanoo, Sindya, « Remnants of an Ancient Kitchen Are Found in China », *New York Times*, juin 2012.

Curtis, John, « Fulton, Penicillin and Chance », *Yale Medicine* (automne/hiver 1999/2000).

Curtis, V. et S. Cairncross, « Effect of Washing Hands with Soap on Diarrhoea Risk in the Community : A Systematic Review », Lancet Infectious Diseases (mai 2003), p. 275-281.

Dunn, Robb, *Never Home Alone : From Microbes to Millipedes, Camel Crickets, and Honeybees, the Natural History of Where We Live*, New York, Basic Books, 2018.

Konkol, Kristine, et Seth Rasmussen, « An Ancient Cleanser : Soap Production and Use in Antiquity », *Chemical Technology in Antiquity* (novembre 2015), p. 245-266.

Luby, Stephen, et coll., « The Effect of Handwashing at Recommended Times with Water Alone and with Soap on Child Diarrhea in Rural Bangladesh : An Observational Study », *PLoS Medicine* (juin 2011) ; « Effect of Handwashing on Child Health : A Randomized Controlled Trial », *The Lancet* (juillet 2005), p. 225-233.

Levey, Martin, « Dyes and Dyeing in Ancient Mesopotamia », *Journal of Chemical Education* (décembre 1955) ; « The Early History of Detergent Substances : A Chapter in Babylonian Chemistry », *Journal of Chemical Education* (octobre 1954).

Nemet-Nejat, Karen Rhea, *Daily Life in Ancient Mesopotamia*, Westport, Connecticut, Greenwood Press, 1998 ; « Women's Roles in Ancient Mesopotamia », *in Women's Roles in Ancient Civilizations : A Reference Guide*, Bella Vivante, Westport, Connecticut, Greenwood Press, 1999.

Sallaberger, Walther, « The Value of Wool in Early Bronze Age Mesopotamia. On the Control of Sheep and the Handling of Wool in the Presargonic to the Ur III Periods (c. 2400 to 2000 BC) », *in Wool Economy in the Ancient Near East and the Aegean : From the Beginnings of Sheep Husbandry to Institutional Textile Industry*, Catherine Breniquet and Cécile Michel (Hg), Oxford, Royaume-Uni, Oxbow Books, 2014.

Saxon, Wolfgang, « Anne Miller, 90, First Patient Who Was Saved by Penicillin », *New York Times*, juin 1999.

Tager, Morris, « John F. Fulton, Coccidioidomycosis, and Penicillin », *Yale Journal of Biology and Medicine* (septembre 1976), p. 391-398.

Wright, Rita, « Sumerian and Akkadian Industries : Crafting Textiles », *in The Sumerian World*, H. E. W. Crawford, New York, Routledge Press, 2013.

Qui a contracté le premier la variole ?

Abokor, Axmed Cali, *The Camel in Somali Oral Traditions*, Mogadishu, Somalie, Somali Academy of Sciences and Arts, 1987.

Babkin, Igor, et Irina Babkina, « A Retrospective Study of the Orthopoxvirus Molecular Evolution », *Infection, Genetics and Evolution* (2012), p. 1597-1604.

Barquet, Nicolau, « Smallpox : The Triumph over the Most Terrible of the Ministers of Death », *Annals of Internal Medicine* 128 (1997).

Broad, William J., et Judith Miller, « Report Provides New Details of Soviet Smallpox Accident », *New York Times*, 15 juin 2002.

Bulliet, Richard W., *The Camel and the Wheel*, New York, Columbia University Press, 1990.

Esposito, J. J., « Genome Sequence Diversity and Clues to the Evolution of Variola (Smallpox) Virus », *Science* (2006), p. 807-812.

Foege, William H., *House on Fire : The Fight to Eradicate Smallpox*, Berkeley et Los Angeles, University of California Press, 2011.

Goldewijk, Klein, et coll., « Long-erm Dynamic Modeling of Global Population and Built-Up Area in a Spatially Explicit Way », *Holocene* (2010), p. 565-573.

Gubser, Caroline et Geoffrey Smith, « The Sequence of Camelpox Virus Shows It Is Most Closely Related to Variola Virus, the Cause of Smallpox », *Journal of General Virology* (2002), p. 855-872.

Henderson, D. A., *Smallpox : The Death of a Disease*, Amherst, New York, Prometheus Books, 2009.

Needham, Joseph, *Quand la Chine nous précédait : 3 000 ans de découvertes et d'inventions chinoises*, Éd. Bordas, Paris, 1987.

Prankhurst, Richard, *The Ethiopian Borderlands : Essays in Regional History from Ancient Times to the End of the 18th Century*, Trenton, New Jersey, Red Sea Press, 1997.

Wilson, Bee, *Consider the Fork : A History of How We Cook and Eat*, New York, Basic Books, 2012.

Wolfe, Nathan, *The Viral Storm : The Dawn of a New Pandemic Age*, New York, Times Books, 2011.

Qui a raconté la première blague que l'on connaît ?

Alster, Bendt, *Proverbs of Ancient Sumer : The World's Earliest Proverb Collections*, Potomac, Maryland, Capital Decisions, University Press of Maryland, 1997.

Beard, Mary, *Laughter in Ancient Rome : On Joking, Tickling, and Cracking Up*, Berkeley et Los Angeles, University of California Press, 2014.

Foster, Benjamin,« Humor and Cuneiform Literature », *Journal of Ancient Near Eastern Literature* (1974).

Friend, Tad, « What's So Funny ? », *New Yorker*, 11 novembre 2002.

George, Andrew, *The Epic of Gilgamesh*, New York, Penguin Classics, 2003.

Hurley, Matthew, Daniel Dennett et Reginald Adams Jr., *Inside Jokes*, Boston, Massachusetts, MIT Press, 2011.

Matuszak, Jana, « Assessing Misogyny in Sumerian Disputations and Diatribes », *Gender and Methodology in the Ancient Near East* (2018), p. 259-272.

Mohr, Melissa, *Holy Shit : A Brief History of Swearing*, Oxford, Royaume-Uni, Oxford University Press, 2013.

Weems, Scott, *Ha ! : The Science of When We Laugh and Why*, New York, Basic Books, 2014.

Qui a découvert Hawaï ?

Bae, Christopher J., et coll., « On the Origin of Modern Humans : Asian Perspectives », *Science* (8 décembre 2017).

Buckley, Hallie R., « Scurvy in a Tropical Paradise? Evaluating the Possibility of Infant and Adult Vitamin C Deficiency in the Lapita Skeletal Sample of Teouma, Vanuatu, Pacific Islands », *International Journal of Paleopathology* (2014).

Callaghan, Richard, et Scott M. Fitzpatrick, « Examining Prehistoric Migration Patterns in the Palauan Archipelago : A Computer Simulated Analysis of Drift Voyaging », *Asian Perspectives* 47, n° 1 (2008) ; « On the Relative Isolation of a Micronesian Archipelago During the Historic Period : The Palau Case-Study », *International Journal of Nautical Archaeology* (2007), p. 353-364.

Collerson, Kenneth et Marshall Weisler, « Stone Adze Compositions and the Extent of Ancient Polynesian Voyaging and Trade », *Science* (2007).

Fischer, Steven Rodger, *A History of the Pacific Islands*, Londres, Palgrave Macmillan, 2002.

Fitzpatrick, Scott M., et Richard Callaghan, « Examining Dispersal Mechanisms for the Translocation of Chicken (*Gallus gallus*) from Polynesia to South America », *Journal of Archaeological Science* 36 (2009), p. 214-223 ; « Magellan's Crossing of the Pacific », *Journal of Pacific History* 43, n° 2 (2008), p. 145-165.

Hershkovitz, Israel, et coll., « Levantine Cranium from Manot Cave (Israel) Foreshadows the First European Modern Humans », *Nature* (2015).

Howe, K. R., *Vaka Moana, Voyages of the Ancestors : The Discovery and Settlement of the Pacific*, Honolulu, University of Hawaii Press, 2007.

Kirch, Patrick Vinton, *A Shark Going Inland Is My Chief : The Island Civilization of Ancient Hawai'i*, Berkeley et Los Angeles, University of California Press, 2012.

Montenegro, Alvaro, et coll., « From West to East : Environmental Influences on the Rate and Pathways of Polynesian Colonization », *Halocene* 24, n° 2 (2014), p. 242-256.

National Geographic Learning, « Beyond the Blue Horizon », *in Archaeology : National Graphic Learning Reader Series*, Boston, Massachusetts, Cengage Learning, 2012.

O'Connell, J. F., et coll., « Pleistocene Sahul and the Origins of Seafaring », *in The Global Origins and Development of Seafaring*, Boyle and Atholl Anderson, Cambridge, Royaume-Uni, McDonald Institute for Archaeological Research, 2010.

Reich, David, *Comment nous sommes ce que nous sommes : la nouvelle histoire de nos origines révélée par l'ADN ancien*, Éd. Quanto, Lausanne, 2019.

Sobel, Dava, *Longitude : l'histoire vraie d'un génie solitaire qui résolut le plus grand problème scientifique de son temps*, Éd. Lattès, Paris, 1996.

Wayfinders : A Pacific Game, produit et dirigé par Gail Evenari, Arlington, VA, PBS, 1999.